L'ÉCONOMIE ? RIEN DE PLUS SIMPLE !

Avec Jean-David Haddad

©2018. EDICO

Edition : JDH Editions
77600 Bussy-Saint-Georges. France
Imprimé par BoD – Books on Demand, Norderstedt, Allemagne

ISBN 979-10-91879-49-1

Dépôt légal : novembre 2018

L'ÉCONOMIE ?
RIEN DE PLUS
SIMPLE !

Avec Jean-David Haddad

Professeur agrégé de sciences économiques et sociales.
Rédacteur en chef de Francebourse.com

JDH Editions
Les Pros de l'Eco

Du même auteur (depuis 2010)

- Ce que votre banquier ne vous dira jamais, JDH Editions, 2018.
- Réussir en bourse, c'est presque facile ! JDH Editions, 2017.
- Comment être rentier sans quitter la France ? Éd. 1001 Réponses, 2013
- La crise jusqu'à quand ? Éd. 1001 Réponses, 2012
- Le trading, Éd. Lextenso, 2012
- Les placements dans le vin, Éd. Lextenso, 2012
- Devenez l'homme qui bat le marché. Ed Lextenso, 2011

Paru chez JDH Editions

- La révolution technologique qui va bientôt nous surprendre, *de Frédéric Granotier et Christophe Jurczak. 2018*

- L'intelligence artificielle va-t-elle nous tuer ? *de Jean-Claude Bourret. 2017*

- Les traders sont de vrais communistes, *de Benoist Rousseau. 2018*

- Monter sa SCI, c'est presque facile ! *de Christelle Poussier. 2018*

- L'Europe de la dernière chance... *de Jean-Louis Clergerie. 2018*

Retrouvez JDH Editions sur

www.jdheditions.fr

Collection "les pros de l'Eco"

Cette collection regroupe des écrits de professionnels de l'économie, à destination du grand public. Ces professionnels mettent en avant de manière pédagogique et accessible, un savoir particulier sur un thème ou sur le fruit de leurs recherches.

Les différents ouvrages sont uniques en leur genre et non substituables par des livres plus "académiques".

A mes élèves, et à tous les jeunes, car les enjeux de demain seront économiques.

A tous les Français, car il paraît que vous êtes fâchés avec l'économie !

Un grand merci à ma conseillère éditoriale !

Mot de l'auteur

On dit perpétuellement que les Français sont fâchés avec l'économie. J'entends cela depuis mes années d'étudiant. Ce n'est pas faux : je l'ai largement constaté en tant qu'enseignant et en tant qu'acteur du monde économique. Il faut dire que certains médias et politiques en profitent pour distiller les messages qu'ils veulent bien faire passer !

Voilà pourquoi il me tenait à cœur depuis longtemps d'écrire un livre d'économie qui démocratise totalement cette science humaine peu enseignée, et de façon trop théorique. L'écrire pour un public le plus large possible, allant des élèves et étudiants à tous ceux qui s'intéressent à l'économie sans vraiment se repérer dans le dédale des notions régurgitées par la presse et les politiques. Des élèves de première/terminale aux retraités, en passant par les professions libérales, les ouvriers et employés, les étudiants, les actifs et inactifs, les fonctionnaires, les femmes et les hommes, ceux qui s'intéressent à la bourse et aux placements… mon ouvrage se veut universel, comme l'est l'économie ! Tous ceux qui tentent de passer des concours, y compris administratifs, où une épreuve d'économie est présente, trouveront avec ce livre un recueil parfait pour comprendre rapidement les principales notions que tout le monde évoque au quotidien, souvent sans les maîtriser.

Cet ouvrage est fédérateur de toutes mes activités professionnelles :

- Professeur de Sciences économiques et sociales.
- Auteur et Éditeur d'ouvrages économiques et sociétaux.
- Rédacteur en Chef de Francebourse.com, un média destiné à l'information boursière des particuliers.
- Consultant auprès d'entreprises. Et à ce titre en immersion permanente dans le monde économique.

Mon défi est donc de démocratiser au maximum l'économie, sans tomber pour autant dans le piège du simplisme. Cela dit, je sais par avance que je serai confronté à de nombreuses critiques venant de puristes qui réprouveront cette façon d'aborder les choses, car ils ne veulent tout simplement pas démocratiser ! **Il est si facile de se dire spécialiste d'un domaine quand on rend son langage et ses concepts inaccessibles aux autres !**

Le prestigieux Institut Sapiens a récemment indiqué qu'il fallait élever le niveau économique des Français. Ce livre a la prétention d'être là pour cela, mais en partant du postulat que pour élever ce niveau économique, il faut rompre avec un langage inaccessible ainsi qu'avec une théorisation excessive.

Oui : l'économie, accessible à tous, c'est maintenant ! Je tenterai dans les pages qui suivent des explications intuitives, non sans humour, dans une sorte de dialogue entre vous et moi, vous faisant part d'anecdotes de mon quotidien, que vous pourrez extrapoler au vôtre... Les principaux concepts exposés seront appuyés par des exemples ou des anecdotes vécues, des métaphores aussi... Créant ainsi une interaction entre l'auteur et le lecteur. Les mots-clés seront repris en fin d'ouvrage dans un index, tout comme une liste des économistes cités dans l'ouvrage.

Cet ouvrage rassemble une bonne centaine de concepts-clés de l'économie, organisés en 28 chapitres et regroupés en 7 parties indépendantes :

- L'économie : pourquoi et comment

- La croissance et ses enjeux

- Le monde de l'entreprise et des marchés

- L'argent, le nerf de la guerre !

- Les problèmes économiques du quotidien

- L'économie des économistes

- Les défis économiques d'aujourd'hui et de demain

L'ordre dans lequel les parties et les chapitres s'enchaînent est celui qui m'a semblé le plus logique. Ainsi, le livre pourra être lu de manière linéaire, mais vous pouvez aussi considérer que chaque chapitre qui vous inspire est une porte d'entrée. En effet, chaque partie est indépendante des autres. Cependant, lorsqu'un passage dans un chapitre exige peu ou prou d'avoir lu un chapitre précédent, cela sera indiqué.

Des sujets comme l'économie collaborative ou l'économie souterraine sont traités dans des chapitres à part entière, alors qu'en général les livres d'économie ne les abordent pas ou peu. Ils sont pourtant un enjeu énorme ! Mais demeurent assez tabous en France.

Dans chaque chapitre, un certain nombre de chiffres vous seront indiqués, des ordres de grandeur qu'il convient d'avoir en tête pour comprendre un peu plus le monde où l'on vit. On peut faire dire ce que l'on veut aux chiffres. Voilà pourquoi la réalité de ces derniers devait, à mes yeux, être posée sans aucune idéologie.

Ces chiffres, ou du moins les plus marquants d'entre eux, seront rassemblés dans une annexe en fin d'ouvrage. De quoi alimenter vos réflexions personnelles, impressionner vos interlocuteurs, et même les examinateurs de ceux qui se présentent à des examens ou concours. De quoi ne plus jamais vous laisser berner par les chiffres que l'on vous indique autour de vous. Les notions-clés seront aussi en caractères gras, et vous en trouverez la liste dans l'index des notions-clés, en fin d'ouvrage. Ces notions-clés sont essentielles pour décrypter les discours des médias et des politiques, et pour comprendre l'économie enseignée dans les lycées, écoles et universités.

Je ne prétends pas faire de vous des économistes, mais simplement vous aider à mieux décrypter et comprendre les discours ambiants. Afin que vous ne vous fassiez pas piéger par des institutions qui profitent de la candeur du peuple en matière économique. Et qui n'hésitent pas à utiliser volontairement des éléments de langage destinés à vous perdre.

Je m'appuierai sur une libre interprétation des programmes enseignés au lycée, qui abordent les sujets-clés pour comprendre notre monde et que tout un chacun devrait connaître. Ils seront ici reformulés dans un sens qui soit accessible à tous les lecteurs, quelle que soit leur profession, quel que soit leur niveau culturel.

Bonne lecture !

L'ÉCONOMIE :
POURQUOI
ET
COMMENT

Posons les bases

1

INTRODUCTION AU CIRCUIT ÉCONOMIQUE

Au commencement, il n'y avait rien.

Puis la vie est apparue. Et s'est perpétuée.

J'en fais partie, tout comme vous.

Je dois vivre, donc j'ai des besoins.

J'ai des besoins, donc je consomme.

Je consomme, donc j'achète.

J'achète, donc tu fabriques

Tu fabriques, donc tu travailles.

Ne pouvant tout faire seul, tu emploies de la main d'oeuvre pour t'aider à produire et à vendre. Ainsi vous travaillez.

Vous travaillez, donc vous percevez des revenus.

Vous avez des revenus, donc vous payez des impôts à l'Etat qui est une émanation de nous tous.

L'État paye ses fonctionnaires, qui eux-mêmes payent des impôts, consomment, etc.

Tout ce « petit monde » épargne, place son épargne, spécule, s'endette, car tout, est de plus en plus cher.

Certains se sont trop endettés, aux États-Unis, ce qui a engendré une énorme crise bancaire qui a failli tout faire basculer.

Pour sauver les banques, les États se sont lourdement endettés, ce qui peut engendrer une nouvelle crise.

Et l'État, désormais lourdement endetté, essaye de prévenir les prochaines crises, y arrivant tant bien que mal.

Des crises il y en a eu, il y en aura... Encore et toujours.

Comme vous le constatez au travers de ces quelques lignes qui s'enchaînent, l'économie part de chacun d'entre nous.

Nous sommes tous des agents économiques. Des **ménages** au sens des économistes et de l'INSEE. Que vous soyez célibataire, ou famille nombreuse, vous êtes un ménage, appelé aussi unité de consommation.

La **consommation** est un acte essentiel à la base de l'économie, qui répond à la satisfaction de besoins. C'est de cet acte que découle l'organisation d'une économie, forcément complexe vu que nous sommes plus de 65 millions en France et 120 fois plus sur la planète, avec des imbrications internationales de plus en plus grandes.

Face à la consommation, il y a la **production** puisque les biens et services que nous consommons ne tombent pas du ciel, telle une manne. La production est réalisée grâce au travail de l'Homme ainsi qu'aux outils et « machines » au sens large du terme. **Ce sont le facteur travail et le facteur capital**. Qui sont les deux facteurs de production. Pêcher un poisson est un acte de production. Le pêcheur fournit du facteur travail et la canne à pêche qu'il utilise, fut-elle rudimentaire, fait partie du facteur capital. Même un bout de bois aiguisé servant de harpon, c'est du facteur capital !

L'ensemble de la production réalisée doit être répartie entre nous tous. Et là se posera un certain nombre de problèmes qui font la science économique. Nous allons les examiner un à un !

2

LES BESOINS FACE AUX RESSOURCES

Avez-vous des **besoins** à l'instant présent? Vous me direz que oui, car nous en avons tous. Et à chaque instant. Respirer est déjà un besoin. Dès qu'il y a vie, il y a besoin. La notion de besoin est contingente à celle de vie. Mais vous ne savez peut-être pas que si l'économie existe, si on l'enseigne, si l'argent existe, s'il y a des conflits à cause de l'argent... Tout ça est provoqué par vos besoins... par nos besoins !

Retour sur cette notion à la base même de tout.

Avez-vous entendu parler de **Maslow** ? Il n'était pas économiste, mais pourtant sa fameuse pyramide est très utilisée par les économistes. En un clin d'œil, vous comprendrez ce que veut dire cette pyramide :

LA PYRAMIDE DES BESOINS
SELON MASLOW

Nous avons tous plusieurs catégories de besoins qui s'empilent. Lorsque nous avons satisfait les besoins primaires, nous attaquons les besoins secondaires, mais l'ultime d'entre eux, celui de réalisation est infini... Autrement dit, ***plus on en a, plus on en veut***. C'est la nature humaine... Aucun pouvoir politique ne pourra la combattre sur du très long terme. C'est ce besoin de réalisation qui a poussé l'Homme à vouloir aller sur la lune, et qui le pousse aujourd'hui à vouloir aller sur Mars !

Un même bien ou service peut permettre de satisfaire plusieurs catégories de besoins. Imaginez-vous aisés. En allant dîner dans un restaurant étoilé, vous assouvissez votre besoin de manger (besoin primaire), mais aussi de vous réaliser. Voire de vous faire estimer. D'être vu. Faisant partie des gens importants. Besoins secondaires. Plusieurs besoins sont assouvis simultanément par cet acte de consommation.

Pour assouvir ses besoins, il faut donc consommer. Mais la population ne fait qu'augmenter ! Passée de 4 milliards d'âmes en 1975 à 7.5 milliards aujourd'hui, elle devrait dépasser les 10 milliards en 2050 !

Et comme chaque individu doit satisfaire ses besoins primaires, puis ses besoins secondaires, sans jamais être totalement satisfait… on se rend compte que tout cela fait beaucoup de choses à consommer ! Il n'y en aura pas assez pour tout le monde ! **Car en face de ces besoins finalement illimités, les ressources à consommer pour les satisfaire sont, elles, limitées !**

Besoins illimités… Ressources limitées… Il faut économiser les ressources. Le mot est dit. La raison d'être de l'économie est ici posée. Ne pas gaspiller.

Le problème des besoins illimités face aux ressources limitées s'est posé de tout temps à jamais. Les êtres humains, depuis que le monde existe, sont en compétition entre eux pour le contrôle des ressources. L'argent n'est finalement qu'un moyen de répartir les ressources entre consommateurs. Avec l'argent, corollaire de l'économie marchande, ce sont les plus munis en nombre de zéros sur leur compte bancaire qui seront prioritaires. Certains trouveront cela injuste. Finalement ce n'est pas pire que de répartir les ressources par les **files d'attente** (premier arrivé premier servi), par la **loi du plus fort** (imaginez une bagarre générale pour s'arracher quelques places au restaurant), ou encore par une attribution autoritaire qui existe hélas dans certaines dictatures (*« toi, tu as droit à un bout de pain par jour, mais toi à un bifteck parce que j'en ai décidé ainsi »*). Le système consistant à répartir les ressources via l'argent, chaque ressource ayant un prix, est le système d'**économie marchande**. Contingente au capitalisme. Cependant, à côté de cette économie marchande, il existe une **économie administrée** par l'État. Pas seulement dans les pays communistes, mais même en France. Surtout en France d'ailleurs. Par exemple, vous ne payez pas pour avoir une consultation médicale à l'hôpital. Mais vous devrez peut-être attendre des mois (même principe que les files d'attente mentionnées plus haut : premier arrivé, premier servi). En revanche, vous paierez pour voir votre médecin traitant. Mais il vous recevra aujourd'hui ou demain. Un exemple qui montre que toute une sphère de l'économie est non marchande, car régulée par autre chose que le marché et l'argent. Une autre façon de satisfaire des besoins illimités grâce à des ressources limitées. Mais qui ne tient plus vraiment très bien la route face à l'accroissement de la population.

Le problème des besoins illimités face aux ressources limitées, qui est donc à la base de l'existence de la science économique, se pose donc avec d'autant plus de force que nous sommes de plus en plus nombreux sur terre ! Voilà pourquoi nous sommes confrontés depuis quelques années à l'épuisement des ressources !

Selon l'ONG américaine Global Footprint Network, qui calcule chaque année le jour où la consommation mondiale de ressources naturelles dépasse ce que peut fournir la planète en un an, l'humanité avait, pour l'année 2018, puisé le 1er août dans la totalité de son stock naturel. Ensuite, elle s'est mise à consommer à crédit. En 2015, le point de bascule s'était opéré le 13 août. En 2000, il tombait le 1er octobre.

Pour subvenir à ses besoins annuels, l'humanité a aujourd'hui besoin de l'équivalent de 1,7 planète. C'est un fait. Face auquel les états cherchent des solutions comme les énergies renouvelables (puisque par définition on peut les renouveler), ou la réduction de consommation de viande (exemple de la Chine).

Les dirigeants politiques ne sont pas seuls à rechercher des solutions, c'est aussi le cas d'entrepreneurs comme Elon Musk (le patron de Tesla et de Space X) qui pense déjà à coloniser Mars.

Le problème des ressources limitées face aux besoins illimités est donc la base même, la raison d'exister de la science économique. Si cette question ne s'était jamais posée, que tout était abondant et infini comme l'air (qui est du coup gratuit), vous n'auriez pas ce livre entre vos mains !

Mais cette question ne se pose pas uniquement de manière collective, de manière **macro-économique** comme nous venons de l'évoquer ; elle se pose également à l'échelle de chaque individu, à l'échelle de chaque foyer ! De manière **micro-économique** dit-on. En effet, chacun d'entre nous a des besoins potentiellement illimités. Et ses ressources, qu'il s'agisse du temps ou de l'argent, sont limitées. Là encore chacun doit économiser ses ressources. Chacun subit la contrainte d'avoir des ressources limitées pour satisfaire ses besoins. Même Jeff Bezos (fondateur d'Amazon), l'homme le plus riche du monde, qui peut s'offrir à peu près tout ce qui est imaginable, doit faire des choix sous contrainte, car, comme pour vous et moi, son temps disponible est compté. Compté à l'échelle de ses journées et compté à l'échelle de sa vie. Les heures ne sont pas plus longues pour lui, et il ne vivra pas 500 ans ! Nous sommes tous à peu près égaux face au temps qui passe.

Les choix que nous faisons au quotidien sont donc des **choix sous contrainte**. Contrainte de temps (pour tout le monde) et d'argent (pour quasiment tout le monde). Certains préfèreront aller acheter leur pack d'eau minérale à 4€ ou 5€ à l'épicerie d'en bas de chez eux pour économiser du temps tandis que d'autres passeront un quart d'heure de plus à aller au supermarché faire la queue pour payer moitié prix. C'est une question de goût : combien vaut votre quart d'heure perdu à aller au supermarché ? Si vous estimez qu'il vaut plus de 2€, alors autant aller à l'épicerie d'en bas ! Évidemment quand vous avez plusieurs courses à grouper, le problème se pose autrement.

Les choix que nous faisons sont donc subjectifs et dépendent des goûts de chacun. Le temps est limité pour tous, il est une ressource rare... D'où le fait que l'humanité s'investit depuis des siècles à tenter de tout faire pour allonger l'espérance de vie ! Avec comme but ultime l'immortalité...

3

POURQUOI DEUX ÉCONOMISTES NE SONT JAMAIS D'ACCORD ?

Un jour j'étais chez mon médecin pour un mal de gorge. Il a diagnostiqué une angine. Et, en lui parlant d'économie, il me dit :

« L'économie, je n'y comprends rien ! D'abord, car je n'ai pas fait les études qu'il faut… Et puis… je ne sais pas moi… Il y en a un qui dit blanc, l'autre qui dit noir et ils sont tous les deux économistes ! Alors, il faut qu'on m'explique ! ».

Remarque très pertinente. A laquelle j'ai répondu :

« La médecine, je n'y comprends pas grand-chose. Mais si je vais voir un confrère, il me diagnostiquera peut-être autre chose qu'une angine... je ne sais pas moi, une allergie par exemple... Et ne me donnera pas forcément le même traitement que vous ! »

Remarque très pertinente aussi.

Contrairement à la science physique qui est une science exacte (si vous laissez tomber ce livre de vos mains, tout physicien vous pronostiquera la même trajectoire), la médecine aussi bien que l'économie, ne sont pas des sciences exactes. L'interprétation personnelle a donc une part importante.

L'économie est une science humaine, et chaque économiste relèvera d'une école de pensée, et d'une vision qui ne sera pas forcément la même que celle de son voisin.

Vu que le problème de base est celui de la répartition de ressources limitées entre des êtres humains de plus en plus nombreux, certains économistes diront que c'est très bien d'avoir inventé la monnaie car la meilleure manière de faire est de laisser s'exprimer l'offre et la demande, afin que s'établisse un prix. Et plus c'est rare plus c'est cher. D'autres diront que le mieux serait que l'État, émanation de nous tous, possède tout et décide qui aura quoi. Voilà : le grand écart entre libéraux et communistes est posé.

Ainsi, en économie, on distingue plusieurs écoles de pensée. Chaque école de pensée inspirera aux responsables politiques (qui sont dans la mise en pratique des idées), différentes catégories d'actions.

- Il y a la pensée dite néo-classique, née en Angleterre au 18e siècle, avec de célèbres auteurs comme **Adam Smith** ou **David Ricardo**. C'est une pensée selon laquelle il faut laisser faire, laisser aller le marché, qui, par une sorte de « **main invisible** » va aboutir à une situation optimale faisant le bonheur de tous. Autrement dit, le fait que chacun poursuive ses propres intérêts mènera par miracle à une situation où tout le monde sera heureux. Dans le contexte de pseudo-anarchie économique, vous vous en doutez, toute réglementation étatique est vaine, et vous l'avez compris, c'est cette pensée qui inspire les modèles politiques dits libéraux, où l'entreprise a une place importante et où l'État doit prélever le moins d'impôt possible et se concentrer en revanche sur ses fonctions régaliennes (Police, Justice, Armée). La quintessence de cette pensée, adaptée au contexte actuel qui n'est plus celui du 18e siècle, se retrouve au sein du Parti Républicain américain. Mais d'une manière générale elle façonne le monde anglo-saxon. En France elle fut relayée, au 18e siècle toujours, par **Jean-Baptiste Say**, qui prétendait que l'offre crée sa propre demande (c'est la « **loi des débouchés** »). Autrement dit, que tout produit que vous mettez sur le marché trouvera des acheteurs dès lors que ces derniers en sont informés, d'où aussi l'importance d'un monde dans lequel l'information est transparente. La monnaie n'est alors qu'un simple intermédiaire des échanges. Aujourd'hui en France cette pensée est très peu présente, et un vrai modèle libéral n'a en fait jamais été testé.

- A l'opposé, il y a la pensée marxiste, qui exécra au plus haut point la loi des débouchés et l'économie classique d'une manière générale. Selon **Karl Marx** (1818-1883), qu'on ne présente pas, les capitalistes (classe bourgeoise), qui sont propriétaires des moyens de production, exploitent les pauvres travailleurs en s'appropriant leur force de travail et cela ne peut mener qu'à une révolution. Cette pensée a été appropriée et prolongée, jusqu'aujourd'hui, par les courants révolutionnaires, y compris ceux de la révolution bolchévique. Dont on a vu le triste résultat en URSS. Aux États-Unis, la pensée marxiste est totalement bannie alors qu'en France, on la trouve encore répandue, de façon plus ou moins édulcorée. Qui n'a pas eu de prof marxiste ? Le marxisme est l'ennemi du **capitalisme**, qui consiste tout simplement à ce que les moyens de production appartiennent à des intérêts privés, autrement dit à des gens comme vous et moi, mais aussi à de grandes, immenses entreprises.

- Ne reniant pas du tout le capitalisme, mais s'inscrivant en porte-à-faux face au libéralisme et donc à la pensée néo-classique, un économiste britannique du 20e siècle, Keynes, a développé une approche originale qui a été maintes et maintes fois reprise et prolongée elle aussi. On parle de keynesianisme. Ou de pensée keynesienne. Pour les keynésiens, il n'y a pas de main invisible qui régule tout pour le bonheur de tous. Aux oubliettes les bisounours du « laisser faire, laisser aller » ! Les marchés laissés à eux-mêmes ne conduisent pas forcément au bien-être général, loin de là ! Surtout en période de crise. Ainsi, l'État a un rôle à jouer dans le domaine économique notamment dans le cadre de politiques de relance : grands travaux, embauches de fonctionnaires, accroissement des impôts si nécessaire pour financer cela, etc. La demande effective a une grande place : elle est la somme de la consommation, des investissements publics et privés, et du solde de la balance commerciale (exportations moins importations).

Allez, une petite équation, chère aux keynesiens, et je vous promets que ce sera quasiment la seule de l'ouvrage :

$$Y = C + I + G + (X - M)$$

Avec :

Y = production globale de l'économie (donc en gros PIB)

C = consommation

I = investissement privé (venant des capitalistes)

G = investissement public (venant de l'État)

X = exportations

M = importations

Si on veut qu'il y ait de la croissance, l'Etat doit tout faire pour doper la consommation des ménages, et/ou l'investissement, tout en faisant attention au solde de la balance commerciale !

Les anticipations des entreprises ont une place importante, car ces dernières vont anticiper la demande et ajuster leur production en fonction de cette dernière.

Vous l'avez compris si vous suivez bien : au diable la loi des débouchés de Jean-Baptiste Say ! L'offre ne crée rien du tout sinon du surplus de production et des stocks, mais c'est la demande qui prime et qui compte ! La demande créée l'offre et non l'inverse.

Le keynesianisme a été prolongé ces dernières décennies par des théories faisant la synthèse avec la pensée néo-classique. On parle alors de néo-keynesianisme. Qui est très nuancé selon les cultures des différents pays.

Le rôle que doit avoir l'état dans la répartition des ressources est une des principales pommes de discorde des économistes. Les libéraux face aux étatistes en tous genres. Vous comprenez que si vous mettez deux économistes dans la même pièce, il y a de grandes chances qu'ils ne soient pas d'accord !

À partir de son accession à la présidence des États-Unis en 2016, le Président Donald Trump, a déstabilisé les puristes des écoles de pensée, en mettant en place une politique pour le moins hétérodoxe. Alors que le Parti Démocrate est assez proche de la pensée néo-keynesienne, et que le Parti Républicain est assez proche de la pensée néo-classique, voilà qu'un président issu du monde des affaires, ayant concouru sous les couleurs républicaines, a mis en place un programme fait à la fois de baisses d'impôts massives (école néo-classique) et de politique de relance, avec de grands travaux (école keynesienne). Relance opérée alors que l'économie américaine allait plutôt bien ! Du jamais vu dans l'histoire des politiques économiques. Avec un résultat, au bout de 2 ans, plutôt flatteur puisque le taux de chômage des États-Unis s'est établi au plus bas fin 2018, à moins de 4% de la population active, et une croissance qui s'est poursuivie, faisant fi des cycles traditionnels ! Évidemment, si on fait davantage de grands travaux et qu'on baisse les impôts, on s'endette encore plus !

Si on reprend l'équation keynesienne, on comprend pourquoi il mène une guerre commerciale avec la Chine ! C'est pour améliorer le solde de la balance commerciale, à défaut d'avoir instauré une pression fiscale.

Certains économistes applaudissent cette politique tandis que d'autres hurlent de toutes leurs forces !

Décidément, les économistes ne sont pas toujours d'accord !

LA CROISSANCE ET SES ENJEUX

Tous les jours ou presque on nous parle de croissance...

Allons découvrir pourquoi la croissance est si importante, ainsi que ce qui se cache derrière!

4

LA CROISSANCE

Se passe-t-il un jour sans que l'on entende dans le discours des médias ou des politiques le mot « croissance » ?

La croissance économique, c'est tout simplement la hausse de la richesse créée par une économie. Et cette richesse se mesure par le PIB. La croissance, quand on veut la chiffrer, est alors le pourcentage de hausse du PIB d'un trimestre à l'autre ou d'une année à l'autre. Si on vous dit qu'en 2016 la croissance a été de 1.1%, cela signifie qu'entre 2015 et 2016 le PIB a augmenté de 1.1%. Et comme il était de 2181 milliards en 2015, il est donc de 2205 milliards en 2016. **On parle finalement très peu de PIB dans les médias, mais beaucoup de croissance. Pourtant, comme vous venez de le constater, les deux sont intimement liés.**

Mais le PIB c'est quoi déjà ? Le PIB c'est la somme de toutes les valeurs ajoutées produites dans l'économie par les différentes entreprises et unités de production. Additionnée de la TVA puisque la valeur ajoutée est taxée, et même fortement dans un pays comme la France.

On parle aussi de **PIB par habitant** afin de mesurer non pas le revenu par habitant (rien à voir !), mais la richesse qu'un pays crée pour chacun de ses habitants.

Qu'est-ce qu'une valeur ajoutée demanderez-vous ? Un exemple pour comprendre. Quand vous achetez une baguette de pain, vous dépensez 1€. Mais le boulanger a dépensé (hors main-d'œuvre) disons 0.30€ pour fabriquer cette baguette (matières premières, électricité, etc.). La valeur ajoutée est de 0.70€, et vous pouvez dire que votre acte a fait augmenter le PIB de la France de 0.70€.

Il faut savoir que le PIB français est de l'ordre de 2300 milliards d'euros. C'est la richesse que notre pays produit officiellement en un an. Gardez cette valeur en tête et ramenez tout à cette valeur... pour relativiser ! La puissance économique d'un pays se mesure par son PIB.

Si on divise le PIB français par les quelque 66 millions d'habitants, on arrive à un PIB par habitant d'environ 33.000 euros. **L'économie française créée dans les 33.000 euros par an de richesse par habitant.** Le revenu moyen par habitant est moindre, car la richesse créée n'est pas distribuée intégralement aux habitants. Une partie est distribuée à l'État pour qu'il assume les services publics parmi lesquels l'éducation. Puis, de manière plus technique, et je n'insisterai pas, il y a la dépréciation du stock de capital dont il faut tenir compte, les revenus versés à l'étranger et ceux rapatriés de l'étranger...

Sans faire de politique, on peut s'étonner d'entendre certains discours soutenant l'idée selon laquelle il ne faut plus faire de la croissance à tout prix, mais aller vers la décroissance... Car si la richesse créée par habitant venait à décroître, l'humanité régresserait ! Une partie des fruits de la croissance, donc de cette hausse de richesse régulière et récurrente, va à la recherche fondamentale, à l'éducation, etc. La décroissance installée dans la durée serait un retour progressif au moyen-âge !

D'ailleurs, croissance et développement sont liés ! L'**IDH**, indice de développement humain, qui mesure le développement humain d'un pays, est bien plus élevé dans les pays qui font de la croissance régulière et qui ont par conséquent un niveau de PIB par habitant élevé. L'IDH tient compte de la richesse par habitant, de l'espérance de vie, et du niveau d'études moyen d'une population. C'est dans les pays les plus riches qu'il est le plus élevé. Sur la carte suivante, plus le pays est foncé, plus l'IDH est élevé.

C'est en Amérique du Nord et dans l'Europe du nord et de l'Ouest, donc dans des zones riches, que le développement est le plus élevé. Certains pays riches dotés de dictatures qui distribuent mal les richesses ont par contre des niveaux d'IDH moins élevés (Arabie Saoudite par exemple). **C'est donc la croissance, alliée à un système politique stable et proche de la démocratie, qui permet à l'humanité d'améliorer ses conditions de vie...**

Aujourd'hui, la France souffre d'une croissance faible. Voici plusieurs années que notre PIB augmente très peu, comme le démontre le tableau suivant :

2007	+1.9%
2008	+0.2%
2009	-2.9%
2010	+2.0%
2011	+2.1%
2012	+0.3%
2013	+0.3%
2014	+0.4%
2015	+1.1%
2016	+1.1%
2017	+1.9%

La croissance moyenne sur ces 10 dernières années est de 0.7%, alors qu'elle est de 2.5% au niveau mondial. Une « belle croissance » est une croissance supérieure à 2% par an, voire 2.5% par an.

Aux États-Unis, après la crise de 2008/2009, les taux de croissance ont été bien plus vigoureux qu'en France. Et ils le sont aussi dans d'autres pays dits émergents comme la Pologne ou la Corée du Sud. Le PIB de ces pays reste bien inférieur à celui de la France, mais vu qu'il croit nettement plus vite, selon les dernières projections, ces pays nous passeront devant en 2050... Et à ce rythme, la France sortirait des 10 premières économies mondiales. D'ailleurs en 2018, l'Inde est passée devant la France en termes de PIB (mais pas en termes de PIB par habitant vu que les Indiens sont 20 fois plus nombreux !).

5

LES CYCLES ET LES CRISES

Sous le terme de **crises**, on peut mettre plusieurs idées. Allant de tout à n'importe quoi. Une crise n'est pas qu'économique. Elle peut être politique, morale, sociétale...

Sur le plan économique, le terme de crise est surtout utilisé dans les médias. Il correspond à une notion économique précise qui est celle de récession. **On dit qu'il y a récession lorsque la croissance du PIB est négative pendant au moins deux trimestres consécutifs.** A fortiori lorsqu'elle est négative pendant un an. L'année 2009 a été en France une année de récession (voir chiffres au chapitre précédent). La récession est en fait le strict inverse de la croissance. Elle signifie que le PIB baisse au lieu d'augmenter. Tout simplement.

Les graphiques représentant l'évolution du taux de croissance du PIB dans le temps, comme celui qui suit, permettent de mettre en évidence les périodes de récession : ce sont celles où le PIB a un taux de croissance négatif. Et uniquement celles-ci, qui se produisent donc lorsque le taux de croissance du PIB est inférieur à 0. Sur le graphique, il s'agit de la période entourée de rouge : 2009. Le reste du temps, le PIB ne baisse pas, il a un taux de croissance de moins en moins élevé. Autrement dit, il croit de moins en moins vite. **Ne pas confondre, donc, ralentissement de la croissance et récession. On peut facilement vous manipuler avec ces notions pour vous faire passer un discours politique par exemple. Certes, un ralentissement de croissance peut mener à une récession, mais heureusement cela n'arrive que rarement!**

Attention... ne passez pas pour un quelqu'un qui n'a jamais rien compris de l'économie, ni auprès de vos amis, ni dans une copie, ou devant un jury... Ne dites jamais qu'un PIB est négatif. Car un PIB mesure une richesse créée. Par définition, cette entité ne peut pas être négative. C'est son taux de croissance qui est négatif en phase récessive. En 2009 par exemple il a été de -2.9%. Le PIB avait cette année-là baissé de 2.9%.

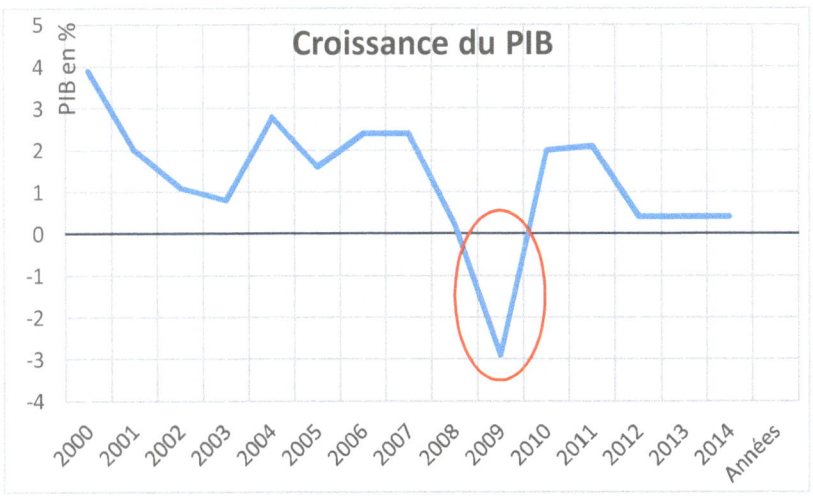

La récession s'accompagne très logiquement d'un sentiment d'inquiétude au niveau de la population : peur de perdre son emploi, de ne plus pouvoir faire face à ses besoins, ce qui amplifie la récession, car les gens sortent moins, achètent moins, voyagent moins... bref, consomment moins. Et les entreprises investissent moins elles aussi. Par peur de l'avenir. **On peut dire en définitive qu'une crise est une récession accompagnée de ce sentiment négatif global qui se met alors à régner dans la conscience collective.**

Les crises sont inévitables. Elles font partie des cycles économiques. De même qu'on ne fait pas d'omelette sans casser des œufs, il n'y a pas de croissance sans crises.
Selon la théorie des cycles économiques, les crises arrivent de façon cyclique.

Il existerait différents cycles économiques mis en évidence par différents économistes, et se greffant les uns sur les autres :

- **Les cycles de Kondratiev** s'étendraient sur une période d'environ un demi-siècle. Il y aurait 20 à 25 ans de croissance forte puis autant de croissance molle voire de récession. Selon le célèbre **Joseph Schumpeter** (économiste autrichien du début du 20ᵉ siècle), ce sont les innovations qui provoqueraient la croissance tous les 40 ou 50 ans puis ces mêmes innovations qui finiraient par détruire des emplois. Les innovations arriveraient en grappe, dans plusieurs secteurs en même temps par effet de contagion, puis se propageraient dans l'économie. En extrapolant sa théorie, on peut penser que la dernière grande vague d'innovations (années 1990/2000) connue est relative à internet, aux téléphones portables, etc. Alors que la précédente (après-guerre) concernait l'électroménager, l'aviation, les ordinateurs, etc. L'idée est qu'à chaque fois, les innovations créent des emplois qualifiés (par exemple, le métier d'informaticien a été créé assez récemment), mais détruisent des emplois non qualifiés, car la machine remplace l'Homme : par exemple les filles qui étaient au standard pour vous passer un numéro quand vous appeliez à l'étranger en PCV... Disparues ! Tout se fait instantanément par la magie du numérique.

- **Les cycles des affaires**, mis en évidence par un certain Juglar, un économiste français, sont des cycles bien plus courts, de l'ordre de 8 à 10 ans, qui contiennent une période d'expansion économique puis une période de contraction économique. Le PIB accélère sa hausse... puis il la ralentit... La réaccélère... la reralentit... Comme une voiture dans une circulation en accordéon. Et ce mouvement se ferait en moyenne tous les 4 à 5 ans.

Ces cycles seraient provoqués entre autres par les banques et le crédit, les banques facilitant l'accès au crédit pendant les phases d'expansion et le rendant plus difficile pendant les phases de contraction. Une baisse de la croissance rend les banques frileuses à octroyer des crédits, ce qui comprime la consommation et l'investissement et provoque un **choc de demande** négatif.

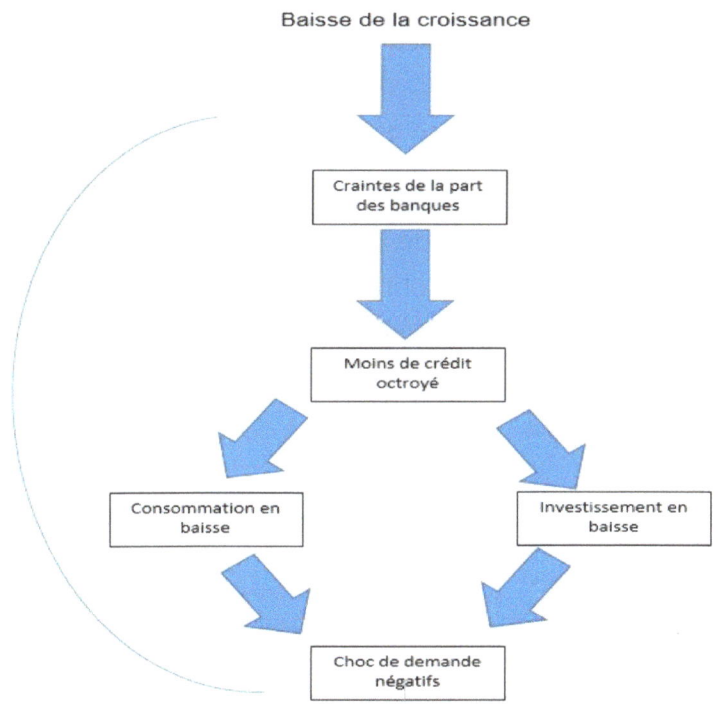

La **demande globale** est due à la consommation (ménages), l'investissement (entreprises), les dépenses publiques (État). **Quand ces composantes augmentent, on peut parler de choc de demande positif et lorsqu'elles baissent de choc de demande négatif.** C'est pour cela que l'État lance parfois des politiques de grands travaux (*par exemple Trump a prévu plus de 500 milliards de dollars de dépenses sur son mandat*), afin de soutenir la demande. On notera que cette façon de voir est **keynesienne**.

- **Les cycles de Kitchin**, là encore du nom de l'économiste les ayant mis en évidence, sont des petits cycles courts, qui viennent à leur tour se greffer sur les cycles Juglar comme ces deniers se greffent sur les Kondratieff. Ce sont des cycles de 2 à 3 ans. Toujours selon le principe d'expansion et de contraction. On considère souvent qu'il y aurait deux cycles Kitchin dans un cycle Juglar et dix cycles Kitchin dans un Cycle de Kondratiev.

En faisant la synthèse de ces cycles, qui se grefferaient les uns aux autres, on obtiendrait à peu près cela pour expliquer la réalité cyclique de l'économie :

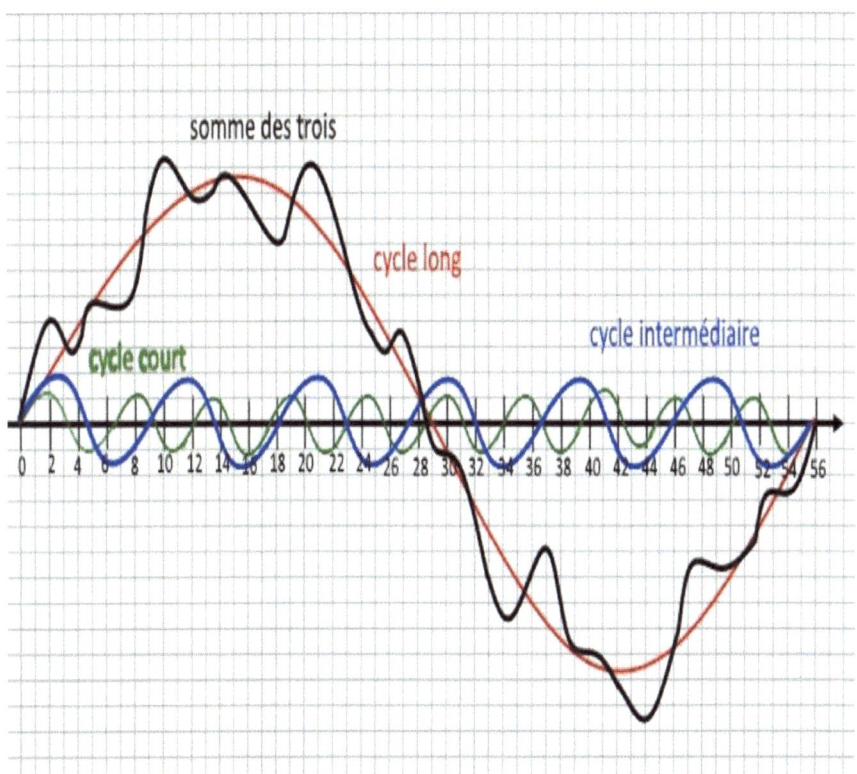

Tout cela est bien théorique, et vous a peut-être perdu… mais il faut retenir deux choses qui me paraissent essentielles :

- Les innovations majeures sont à l'origine de mouvements cycliques, car l'innovation change à chaque fois la manière de produire, de consommer, permet l'émergence de nouvelles entreprises, de nouvelles grosses fortunes… mais elle détruit aussi des emplois, des industries, des pans entiers de l'économie.

- Il y a bien un **cycle du crédit** qui influence la marche globale de l'économie. Les banques sont plus volontaires à accorder des crédits en période faste, lorsque le moral est au beau fixe... qu'en période de crise. Et en se montrant plus difficiles sur les conditions d'obtention des crédits, elles vont paralyser un peu plus l'économie. C'est alors un cercle vicieux qui se met en place !

6

LES EFFETS
DE L'INNOVATION

Comme cela a été indiqué dans le chapitre précédent, l'innovation est au cœur des cycles économiques, et de la croissance sur le long terme.

Selon Schumpeter, l'innovation n'arrive pas seule, par un beau matin, comme tombée du ciel. Elle arrive par paquet ; c'est ce qu'il appelle les **grappes d'innovation** : il y a plusieurs innovations dans plusieurs secteurs qui arrivent en même temps et qui sont reliées entre elles. Les innovations réalisées par une entreprise encouragent en effet les autres à faire de même ; de plus, les innovations réalisées sur un secteur se propagent sur un autre et la réussite des entrepreneurs incite d'autres à innover, car l'Homme est souvent cupide et ne veut pas laisser à autrui le monopole d'innover et de s'enrichir !

Des exemples largement posthumes à ce pauvre Schumpeter (décédé en 1950), montrent que sa théorie est toujours d'actualité. Citons une énorme innovation informatique des années 90 : le moteur de recherche. Celui qui s'est fait connaître est Yahoo. La réussite de Yahoo a incité deux entrepreneurs (**Larry Page** et **Serguei Brin**) à perfectionner l'algorithme et à créer Google en 2003. Leur fulgurante et immense réussite a incité plusieurs entrepreneurs à créer dans ce domaine des moteurs de recherche pour les personnes et ainsi ont émergé les réseaux sociaux avec à leur tête Facebook qui a donné l'idée a beaucoup de jeunes entrepreneurs de développer des messageries instantanées et amusantes comme SnapChat…

Cet exemple montre comment une innovation peut se propager et induire d'autres innovations.

Pour Schumpeter, le déclenchement de la phase montante d'un cycle long est provoqué par des innovations majeures. Le premier cycle de Kondratiev a été provoqué par la machine à vapeur et le textile, le deuxième par le chemin de fer et la sidérurgie, le troisième par l'électricité et la chimie et le quatrième par l'aviation et l'électroménager. Il y aurait un cinquième cycle qui aurait été déclenché (internet, robotique ; etc.).

A chaque fois qu'il y a une grappe d'innovations, un certain nombre d'emplois sont créés, mais d'autres sont détruits.

D'où le terme de **destruction créatrice**.

On remarque que ce sont des emplois peu qualifiés qui sont remplacés par des emplois qualifiés. Mais à côté de cela, il y a aussi des secteurs entiers qui se trouvent en déclin en raison de l'émergence de nouveaux secteurs. Par exemple aujourd'hui toute la filière du papier est en déclin en raison de la progression d'internet. Qui s'envoie encore des lettres d'amour par la Poste ? Le mail, c'est bien plus simple, moins couteux, plus rapide !

L'ensemble des inventions et des innovations appliquées à la production s'appelle le **progrès technique**.

Le progrès technique a des effets terribles lorsque les machines (facteur capital) et les hommes (facteur travail) sont substituables. Car il permet alors de remplacer le travail par le capital. Et cela a fortiori dans les pays où la main-d'œuvre coûte cher, comme la France. Qui, avec les charges sociales, est un des pays au monde où la main-d'œuvre est la plus coûteuse.

Le tableau suivant (Sources Eurostat, Insee) montre le coût horaire du travail dans différents pays.

COÛT DU TRAVAIL
COÛT HORAIRE, EN EUROS, EN 2011

Industrie manufacturière				Industrie manufacturière			
Portugal	10,4	Luxembourg	29,7	Portugal	13,2	Autriche	28,3
Grèce	15,8	Autriche	31,9	Grèce	16,3	Finlande	28,4
Roy. Uni	21	Pays-Bas	32,2	Roy. Uni	19,8	Allemagne	28,5
Espagne	21,9	Finlande	32,3	Espagne	20	Pays-Bas	30,4
Italie	26,5	Allemagne	35,4	Irlande	26,3	France	34,5
Irlande	28,3	France	35,9	Italie	27,5	Luxembourg	37,3

Source : Eurostat, Insee

En France, une heure de travail dans les services coûte en moyenne 70% plus cher qu'en Espagne.

Pas étonnant dans ces conditions que le progrès technique ait plus d'impact sur les emplois peu qualifiés en France qu'en Espagne. Puisque le travail coûte 70% plus cher chez nous, les patrons français hésiteront moins que les Espagnols à remplacer des humains par des machines !

Faites une simple expérience touristique pour vous en convaincre. Allez chercher des guichetiers dans les péages autoroutiers en France ! Bon courage... Vous aurez bien du mal ! Traversez la frontière et passez en Espagne. Et là... vous vous croyez revenus vingt ans en arrière avec des femmes et des hommes qui vous disent « Holà ! » au moindre péage ! Et avec le sourire s'il vous plaît !

Parlons aussi des conducteurs de métro qui sont remplacés par des automatismes. Parisiens, vous pensez de suite à la ligne 1, la ligne 14, et bientôt d'autres.

On notera que lorsqu'une innovation est lancée, il y a beaucoup d'entreprises sur le marché, car tous les entrepreneurs recherchent le profit. C'est un peu la ruée vers l'or à chaque fois ! Cela fait croître le nombre d'entreprises, mais avec le temps les moins rentables disparaissent pendant que d'autres fusionnent. Ainsi tous les secteurs économiques se concentrent à mesure de leur maturité. Par exemple l'industrie automobile française du début du 20e siècle comptait une centaine de constructeurs. Il y a 40 ans ils n'étaient plus que cinq : Renault, Peugeot, Citroën, et… Simca, Talbot. Aujourd'hui ils ne sont plus que deux, Renault et PSA. À côté de quoi quelques minuscules constructeurs essayent désormais d'émerger sur le créneau électrique.

Nous avons parlé de la théorie de Schumpeter. Une réflexion qui est mienne et que je voudrais partager dans le cadre de cet ouvrage consiste à s'interroger pour savoir si cette fois Schumpeter ne serait pas mort pour de bon. Disparu en 1950, sa théorie continue de faire grand bruit, c'est une des plus célèbres théories économiques… Mais est-elle encore pertinente ?

La progression de l'intelligence artificielle nous a fait entrer, me semble-t-il, depuis quelques années, dans un monde où l'innovation devient permanente. Aujourd'hui, à l'aube des années 2020, finies les grappes d'innovations de Schumpeter et place à un continuum d'innovations en perpétuelle progression.

Réalité virtuelle, objets connectés, robotique, voitures autonomes, biotechnologies, nanotechnologies... Il n'y a plus une vague d'innovations, mais une innovation permanente. C'est un nouveau paradigme économique qui est né ces dernières années. Du coup, ce sont des pans entiers de métiers qui disparaissent ou vont disparaître. Lorsque les voitures seront totalement autonomes, combien restera-t-il de chauffeurs? Certes il y aura toujours de nouvelles formes d'emplois qui seront créés, mais seront-ils suffisants pour compenser la perte d'emplois peu qualifiés? Pas évident... Rendez-vous au chapitre 26 pour les implications futures. N'y allez pas de suite sauf en cas de totale impatience... Sinon le rendez-vous est pris !

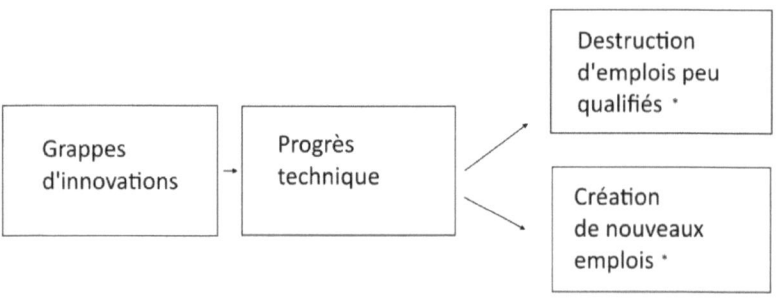

* La destruction excède la création si le coût du travail est très élevé

7

PRODUCTIVITÉ ET TEMPS DE TRAVAIL

Qui ne connaît pas l'expression « libre comme l'air » ? L'air est considéré en économie comme un **bien libre**, en ce sens qu'il n'est pas produit, mais se trouve en abondance autour de nous. C'est un bien immatériel qui appartient à toute l'humanité. Les biens libres peuvent être consommés sans nécessiter un acte de transformation par l'Homme. Peu de biens peuvent se targuer d'être des biens libres comme l'air ! La quasi-totalité des biens que nous consommons exige en effet un processus de production en amont. Produire, ou fabriquer si vous préférez, est indispensable, car si l'Homme ne produisait pas, il mourrait, ne pouvant pas consommer que de l'air et autres rares biens libres ! Les chasseurs cueilleurs produisaient vu qu'ils utilisaient leur force de travail et des outils rudimentaires. Produire c'est bien mais produire efficacement c'est mieux ! Produire le maximum de biens et services possibles en un rien de temps serait idéal, car ça permettrait de dégager du temps libre, entre autres, et de créer plus de valeur. Plus on produit vite plus on est productif.

La notion de **productivité** devient donc centrale en économie.

La productivité du travail mesure par exemple le nombre de voitures produites par année par travailleur. Mais si on l'exprime en valeur, elle mesure alors la valeur produite par année par travailleur. Dans le cas présent, si une voiture est vendue 20.000€ et qu'elle coûte 8.000€ de matières premières et de fournitures diverses, elle dégage 12.000€ de valeur ajoutée. Si une usine produit 300 voitures à l'année pour 30 travailleurs, alors la productivité est de 10 voitures par travailleur soit en valeur (10 x 12.000€) = 120.000€ par travailleur. La productivité du capital, plus rarement utilisée, mesure quant à elle ce qu'une machine immobilisée, par exemple, permet de produire.

L'accroissement de la productivité dans l'économie signifie que la combinaison entre facteur travail et facteur capital est plus efficace. Que les deux facteurs se combinent mieux. Que la combinaison productive s'améliore.

Les gains de productivité sont donc un facteur de profit au niveau microéconomique (au niveau des entreprises) et un facteur de croissance au niveau macroéconomique (au niveau d'une économie).

Sur le long terme, on constate qu'un facteur de production est productif (efficace si vous préférez) grâce aux autres facteurs. Par exemple, les salariés sont plus productifs avec les ordinateurs d'aujourd'hui qu'avec ceux d'il y a 20 ans. Un enseignant avance plus vite dans son cours en utilisant un tableau numérique qu'en utilisant les rétroprojecteurs avec des transparents, qui étaient à la mode il y a 20 ou 30 ans. Une petite photo pour le clin d'œil :

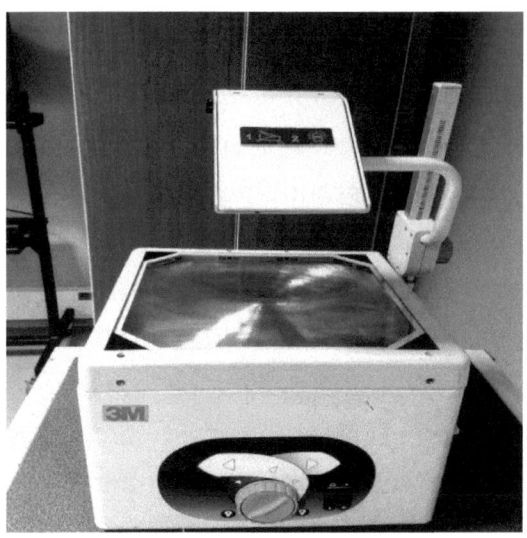

Il fallait préparer le transparent, allumer l'engin, mettre le transparent, et projeter le tout ! Combien de minutes perdues ? Alors qu'aujourd'hui, une recherche sur internet, l'enseignant trouve ce qu'il veut projeter et il le projette instantanément ! Que de temps gagné ! Une heure de cours est bien plus productive !

Il y a une efficacité globale des combinaisons productive qu'on appelle productivité globale des facteurs. En d'autres termes plus simples (je vous ai promis que ce livre serait simple), c'est en mettant les bons hommes sur les bonnes machines, et pas sur des machines obsolètes qu'on accroîtra la productivité du travail.

Sur le long terme on constate qu'une partie de la hausse de la production ne s'explique ni par la hausse du nombre de machines présent dans l'économie, ni par la hausse du nombre de travailleurs ou du nombre d'heures de travail, mais par une hausse globale de la productivité des facteurs. C'est ce que l'économiste **Robert Solow** (prix Nobel d'Économie 1987) appelle le « résidu », qui est en grande partie provoqué par le progrès technique. Ce dernier pouvant se définir comme le processus d'amélioration des moyens de production par l'application de découvertes et d'innovations. Si vous êtes élève/étudiant, c'est ce que vous retiendrez pour faire bien. Sinon, pour faire simple, **le progrès technique c'est tout simplement quand la technologie**

s'améliore pour nous rendre la vie plus facile ! Le smartphone a été un progrès technique par rapport aux téléphones portables de première génération ! Le progrès technique améliore le facteur capital et le facteur travail, car l'homme sera plus efficace et plus motivé avec des outils et des joujoux plus beaux et plus sophistiqués. Les hommes d'affaires et commerciaux trouvent probablement que le Bluetooth au volant fait gagner du temps pour parler business !

Le progrès technique est d'autant plus nécessaire à l'économie qu'existe la **loi des rendements décroissants** selon laquelle l'usure du capital rend la combinaison productive moins efficace d'où la nécessité de remplacer du capital ancien par du capital moderne.

Investir dans des machines qui soulagent et motivent l'Homme sera plus efficace que d'accroître le temps de travail.

Une étude du FMI et de l'OCDE a aussi prouvé qu'entre 1980 et 2010, le PIB mondial par habitant a progressé d'environ 60% sur la période alors que le temps de travail moyen par travailleur, au niveau mondial, a régressé d'environ 10%.

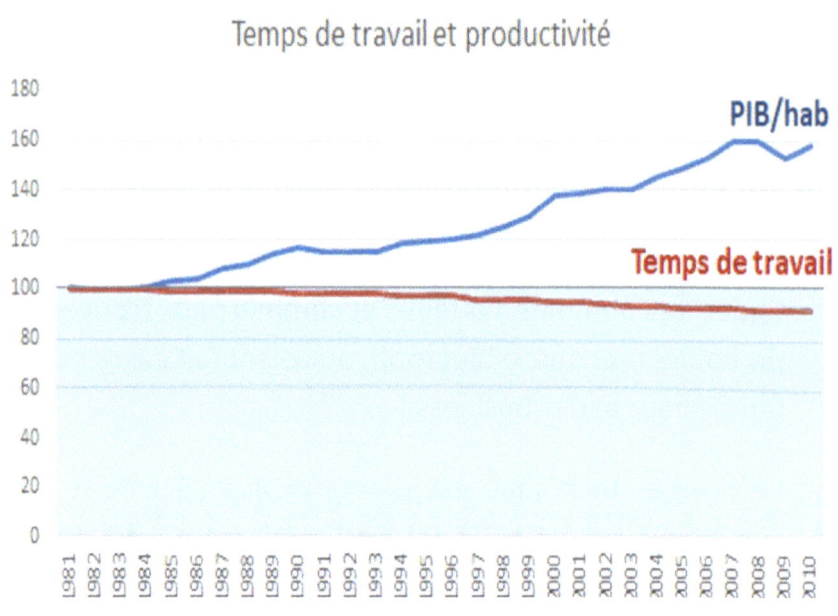

D'après FMI et OCDE

Par ailleurs, on ne peut pas dire que ce sont dans les pays les plus riches et les plus productifs que le temps de travail soit le plus élevé. Regardez donc le tableau suivant.

Nombre moyen d'heures travaillées par semaine (OCDE - 2011)			
Les 10 plus hauts		Les 10 plus bas	
Turquie	48,9	Belgique	36,8
Corée	44,6	Suède	36,5
Mexique	43,3	Royaume-Uni	36,4
Grèce	42,1	Australie	36,1
Tchéquie	41,1	Allemagne	35,5
Israël	40,9	Suisse	35,2
Slovaquie	40,6	Irlande	34,9
Pologne	40,5	Norvège	33,9
Islande	39,6	Danemark	33,7
Slovénie	39,5	Pays-Bas	30,5

Contrairement au mythe, l'Allemagne est un des pays où les gens travaillent le moins. Ce pays se classe pourtant parmi les plus productifs au monde : une heure de travail y crée en moyenne 30,51€ de valeur. Pour info, en France nous sommes à 25€. Et en Grèce, où, contrairement au mythe on travaille beaucoup, la valeur créée par heure de travail est de 11.53€ (source ODCE, 2014). Mieux vaut travailler 10 heures et créer 30€ par heure que de travailler 15 heures et créer 10 euros par heure ! Le calcul est vite fait. Les Grecs sont-ils par nature de mauvais travailleurs ? Non, bien entendu. Il est fort possible que l'on soit moins productif sous le soleil et la chaleur, ce qui expliquerait la meilleure productivité des pays du nord. Posez-vous la question de savoir si vous produiriez exactement la même valeur en une heure de travail sous 35 degrés en bord de mer, si vous auriez la même efficacité, la même concentration, la même motivation que sous un ciel pluvieux et frais, au chaud dans votre bureau. Une récente étude du MIT (une université américaine) et de l'OMS (Organisation Mondiale de la Santé) a chiffré une baisse de la productivité au-delà de 15 degrés !

Mettre des machines faciles à utiliser et dernier cri en face de travailleurs bien formés à les utiliser permet à une entreprise, un secteur ou un pays de créer beaucoup de valeur par heure de travail. Donc de pouvoir se permettre de réduire le temps de travail. Et d'améliorer le bien-être de la population, qui pourra alors, grâce à un temps de loisirs accru, consommer davantage.

Mais pour que cette combinaison soit efficace, avoir du beau et du neuf ne suffit pas, encore faut-il que le travail soit bien organisé, que l'ambiance de travail soit correcte, qu'il n'y ait pas de conflits au sein des entreprises, un climat propice à travailler, bref, supprimer tout ce qui fait perdre du temps ou pourrait ralentir la production! Les relations conflictuelles entre un patron et ses salariés n'ont jamais motivé personne. Les entreprises comme Google investissent énormément sur les conditions de travail (garderie gratuite, salle de sport, etc). En France on peut citer Artea, une entreprise de promotion immobilière où les « cols blancs » travaillent dans un château, ont des salles de réunion en plein air pour les beaux jours, un jardin à disposition où ils peuvent planter des arbustes fruitiers, etc.

Des exemples de conditions de travail avantageuses qui améliorent la productivité.

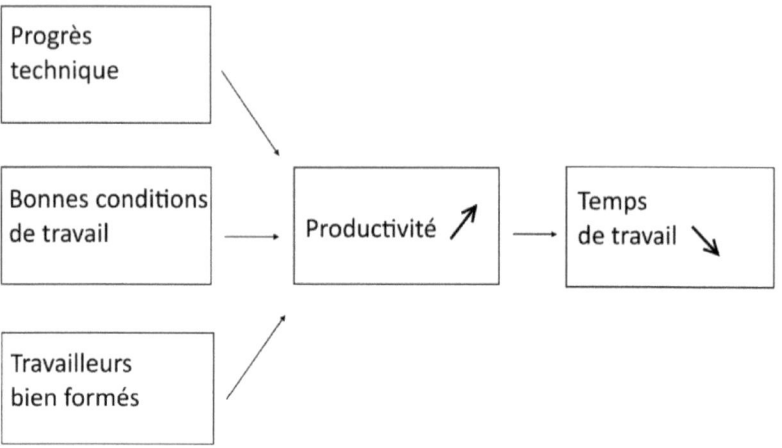

8

LE DÉVELOPPEMENT DURABLE

Voici un sujet d'actualité qu'on ne peut éviter ! La COP 21, les États-Unis qui viennent d'en sortir, provoquant la colère des Européens et surtout de la France... Le développement durable est aujourd'hui un des enjeux majeurs, encore peu expliqué dans les livres d'économie.

On appelle développement durable un développement qui répond aux besoins de l'instant présent sans compromettre la capacité des générations futures à répondre à leurs propres besoins. On en revient finalement au centre de la problématique de base de l'économie à savoir la prise en compte d'un besoin illimité qu'il faut savoir satisfaire avec des ressources limitées.

Quand on parle de besoins, il faut satisfaire ceux de l'ensemble de la planète dont 40% de la population vit avec moins de 2 dollars par jours. Un développement durable consiste donc à concilier développement économique et préservation de l'environnement pour que les générations futures puissent profiter de cet environnement.

Les plus ardus défenseurs de l'environnement vont jusqu'à dénigrer la croissance économique, qu'ils estiment être à l'origine de cette destruction. Il faut avouer que le PIB, qui va permettre, rappelons-le, de mesurer la croissance, ne prend pas en compte tout ce qui va être détruit par le processus de production : épuisement des ressources naturelles, dégradation de la qualité de l'air, pollution de l'eau, déforestation... À partir d'un certain niveau de richesse produite, toute production supplémentaire n'entraîne pas forcément un bien-être équivalent.

On a créé le concept d'empreinte écologique pour définir la pression que l'homme exerce sur la nature. La trace qu'il va laisser sur la nature en réalisant sa production de biens et services. Cette empreinte écologique n'est pas prise en compte dans le PIB.

La difficile mesurabilité de cette empreinte, et d'une façon générale, des coûts liés à la destruction de l'environnement, donnent des arguments à ceux qu'on appelle aujourd'hui les « **climatosceptiques** », dont le président américain Donald Trump fait partie.

Les « climatosceptiques » appuient entre autres leur raisonnement sur la théorie dite de la **soutenabilité faible**. Un bien grand mot, comme aiment en produire les économistes ! En quelques mots, l'idée est que le progrès technique permettra toujours à l'Homme de pouvoir réparer les dégâts que son activité de production occasionne sur la nature. Autrement dit, l'Homme est tellement intelligent qu'il pourra toujours réparer ce qu'il détruit. Le progrès technique permet par exemple qu'un fleuve pollué puisse être dépollué. Dans ce cas, on peut dire, conceptuellement, qu'une destruction du capital naturel peut être compensée par une amélioration du facteur capital grâce au progrès technique. Dans le cadre de cette théorie la **courbe de Kuznets** établit un lien entre la destruction de l'environnement par les émissions polluantes et le PIB/HAB : Lorsque le PIB augmente cela est préjudiciable à l'environnement, car cela signifie que l'on produit plus et que l'on pollue plus, mais dans un deuxième temps, les économies se développent, le progrès technique s'accélère et l'homme trouve alors les moyens de compenser la pollution et de dépolluer, ce qui fait que la dégradation de l'environnement se réduit.

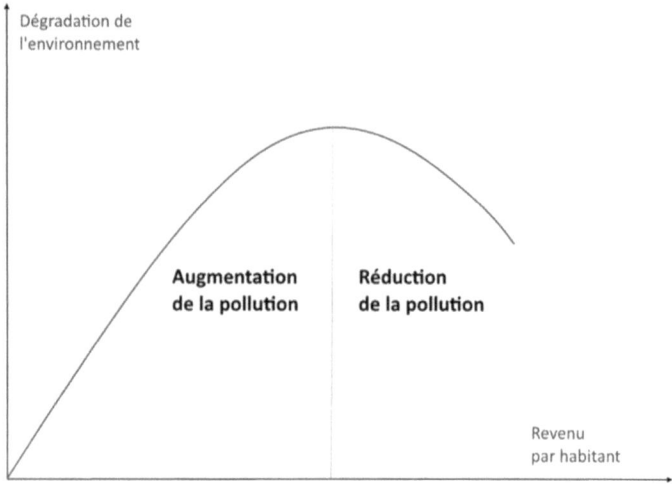

Selon cette théorie, on considère que les pays développés ont basculé dans la deuxième partie de la courbe tandis que les pays en développement sont toujours dans la première partie qui est celle d'une industrie polluante et donc destructrice du capital naturel. Dans les faits, la portée explicative de cette théorie est limitée, seule l'Allemagne arrivant à poursuivre sa croissance économique à un rythme soutenu tout en préservant l'environnement.

A l'inverse des « climatosceptiques », les partisans des mouvements écologistes s'appuient sur la théorie dite cette fois de la **soutenabilité forte**. Qui dit l'inverse ! Donc, si on la résume, le capital naturel n'est pas remplaçable par les autres facteurs de production et les dommages qui sont créés à la nature par l'activité de production sont irréversibles. Dans cette hypothèse, il ne suffit pas de maintenir le stock de capital global (ressources naturelles plus facteur travail plus facteur capital) constant, mais il faut plus particulièrement préserver et entretenir Dame Nature (dite capital naturel) car le progrès technique ne suffira pas à l'épargner, la pauvre ! **Bref, l'Homme n'est pas encore assez évolué pour pouvoir toujours réparer ce qu'il détruit !**

Ces idées sont minoritaires aux États-Unis, mais majoritaires en Europe et surtout en France. S'appuyant sur ce raisonnement, la France est coutumière de politiques publiques de préservation de l'environnement qui passent par différents outils :

- La réglementation, qui consiste toujours à voter de nouvelles lois interdisant certains actes polluants. Sans quoi des sanctions financières sont prononcées. Le souci est que la réglementation doit être adaptée à la culture d'un pays et il ne peut pas pour l'instant y avoir des réglementations internationales, car les différentes cultures politiques sont trop éloignées. Il n'y a par exemple aucune réglementation possible pour la pollution en haute mer qui est pourtant énorme et qui fait que de nombreux produits de la mer deviennent aujourd'hui toxiques. Par exemple, du mercure et de l'arsenic, à des doses plus ou moins élevées, ont été retrouvés dans les 15 boîtes de thon analysées par le magazine 60 millions de consommateurs en 2016. Face à cela, aucune réglementation n'est possible, car la haute mer ne relève pas d'un pays particulier. Et que l'ensemble des pays du globe ne parviennent pas à se mettre d'accord.

- Les taxes constituent un autre volet de la politique environnementale. Il s'agit pour l'État d'augmenter les taxes sur les biens les plus polluants. En accroissant donc artificiellement les prix afin d'en réduire la demande. Par exemple, on ne fait qu'augmenter les taxes en France sur les produits pétroliers et plus particulièrement le diesel ainsi que sur les cigarettes. La fameuse TCIPE qui rapporte 25 milliards d'euros à l'État français par an. Sur un litre de gazole à la pompe, vous payez 56% de taxe sur les produits pétroliers en Ile de France et environ 54% dans les autres régions. Un taux qui est encore plus élevé sur un litre de sans-plomb 95. C'est ce qui fait que le carburant coûte environ 2.5 fois plus cher en France qu'aux États-Unis.

Le tableau suivant montre le taux de la taxe sur les supercarburants et gasoils en France au 1er janvier 2017 :

Région	Gazole	SP95-E5 et SP98	SP95-E10
11 – ILE-DE-FRANCE	56,31[1]	66,82[1]	64,82[1]
24 – CENTRE VAL DE LOIRE	54,42	65,80	63,80
27 – BOURGOGNE-FRANCHE-COMTE	54,42	65,80	63,80
28 – NORMANDIE	54,42	65,80	63,80
32 – HAUTS DE FRANCE	54,42	65,80	63,80
44 – GRAND EST	54,42	65,80	63,80
52 – PAYS DE LA LOIRE	54,42	65,80	63,80
53 – BRETAGNE	54,42	65,80	63,80
75 – NOUVELLE AQUITAINE	54,42	65,80	63,80
76 – OCCITANIE	54,42	65,80	63,80
84 – AUVERGNE – RHONE-ALPES	54,42	65,80	63,80
93 – PACA	54,42	65,80	63,80
94 – CORSE	53,07	64,07[2]	63,07

Source: Bulletin Officiel des Douanes, n°7162

Cette taxe est en moyenne de 54% sur le Gazole et de 64% sur le « Sans Plomb ». Bref, quand vous faites votre plein, pour 100€, vous en payez 64 à l'État si c'est du « Sans Plomb ».

Sous prétexte de santé publique, les taxes permettent aussi à l'État de faire entrer des recettes fiscales. Ces taxes sont bien moindres dans les pays anglo-saxons qui ont une culture libérale.

Les économistes ultralibéraux, eux, sans être forcément « climatosceptiques », n'attribueront pas à l'État le rôle de préserver l'environnement. Ils préconiseront d'établir des droits de propriété sur les biens communs, leur raisonnement consistant à dire que celui qui a le droit de propriété sur une ressource naturelle fera tout pour protéger cette ressource afin qu'elle soit rentable. Par

exemple la privatisation d'une plage incitera son propriétaire à la maintenir propre alors que sur une plage
publique les dégradations sont plus fréquentes.

ENTREPRISES ET MARCHES

Selon un sondage Elabe de janvier 2018, 71% des français ont une bonne image de l'entreprise mais 42% s'en méfient néanmoins.

9

L'OFFRE ET LA DEMANDE

Je ne vais pas produire ici une longue tergiversation philosophique sur ce qu'est un marché, pourquoi ça existe, pourquoi il faudrait que ça n'existe plus, je laisse cela à ceux qui aiment parler pour ne pas dire grand-chose.

Le mot « marché » vient du latin « mercatus » qui veut dire « commerce, échanges ». Dans le sens premier, le mot marché désigne le lieu où des producteurs (commerçants, artisans), se rassemblent pour proposer directement leurs produits aux consommateurs. Il s'agit par exemple du marché du dimanche. Par extension, les économistes considèrent qu'un marché est un système d'échange où se rencontrent une **offre** et une **demande**. L'offre est constituée de vendeurs et la demande d'acheteurs. De cette confrontation permanente émerge un prix. Sur le marché du travail par exemple, les offreurs sont les gens comme vous et moi, qui offrons notre produit, à savoir notre force de travail, et les demandeurs sont les entreprises qui ont besoin de cette force de travail pour pouvoir produire. Voilà pourquoi l'**offre de travail** vient des travailleurs et la demande de travail des entreprises. A ne pas confondre avec l'offre d'emploi et la demande d'emploi. Car un emploi est un poste de travail. Donc l'offre d'emploi vient au contraire de l'entreprise et la demande d'emploi du travailleur. **Tout dépend de quoi on parle, la sémantique est essentielle et les médias ainsi que les politiques savent bien manipuler les deux notions pour faire passer le message qu'ils souhaitent faire passer. Ne l'oubliez jamais.**

Sur un marché, quel qu'il soit, et sauf exception, la demande baisse quand le prix augmente et l'offre augmente quand le prix augmente.

Prenons un exemple simple. Le livre que vous avez entre les mains. Il vaut 19 €. Vous êtes un certain nombre à l'avoir acheté ou à vouloir l'acheter. Disons 2000 personnes. Si son prix était de 25€, vous seriez bien moins nombreux. Disons 500. Si son prix était de 50€, vous seriez encore moins, car vous auriez trouvé cela beaucoup trop cher. En revanche, si son prix était de 12€ vous seriez plus nombreux à vouloir l'acheter. Disons 3000.

Seulement ce livre a un coût de production. Il y a des pages en couleur (ça coûte bien plus cher qu'une page monochrome), et puis il y a un contenu ! Des centaines d'heures de travail et de réflexion. Cela a un prix. Tout comme le temps passé à créer la couverture). A 12€, très peu d'éditeurs auraient accepté de le produire, car il aurait fallu le produire en très grande quantité pour qu'il soit rentable. Disons 10.000 livres. Normal : plus on produit en grandes quantités, plus les coûts de production baissent. Ce sont les **économies d'échelle**. Or, produire, par exemple 10.000 livres sur un sujet comme l'économie, peut s'avérer très périlleux ! Sur un sujet people, c'est autre chose. Voilà pourquoi les livres « people » coûtent, en librairie, moins cher que les livres d'économie !

A l'inverse, à 25€ plusieurs éditeurs auraient voulu le produire et à 50€ encore plus. Si, bien entendu, ils étaient sûrs de pouvoir le vendre. Mais comme les éditeurs ne sont pas stupides, personne n'aurait accepté de le mettre sur le marché, donc face à la demande, à 50€ ! Pour en vendre 35 exemplaires ? Aucun intérêt !

Prenons un autre exemple. Si je vous propose de vous vendre le dernier I-Phone à 800€, vous serez un certain nombre à accepter de l'acheter. A 600€, encore plus. A 200€ ce serait la ruée.

A l'inverse, si je réunis 1000 personnes qui ont le dernier I-Phone et que je dis « je vous l'achète à 200€ », personne ne voudra me le vendre, mais si je propose de l'acheter à 800€, j'aurais des vendeurs. A 2000€, les 1000 personnes ou presque accepteront de me le vendre.

Ces deux exemples vous montrent pourquoi la courbe de demande est décroissante quand le prix augmente alors que la courbe d'offre est croissante. Lorsque les deux courbes se croisent, on arrive à un prix d'équilibre et une quantité d'équilibre. Qu'il s'agisse de livre, d'I-Phones, ou de force de travail. E est le point d'équilibre. Un point qui définit un prix d'équilibre et une quantité d'équilibre.

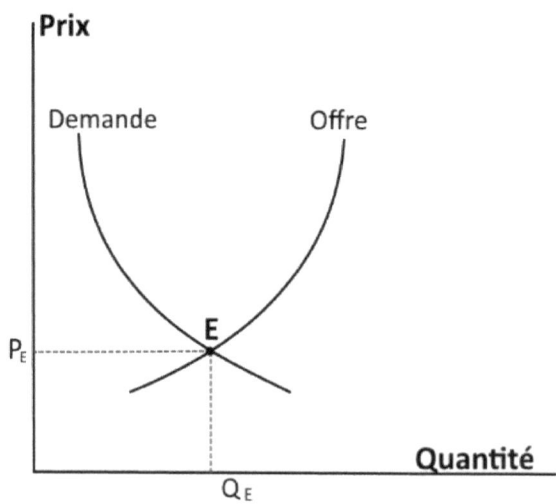

Mais tout cela est théorique, c'est un modèle comme on dit en économie, car des millions de facteurs entrent en jeu, en particulier les réglementations, qui viennent perturber le jeu du marché. Les économistes libéraux sont favorables à une réglementation minimum pour ne pas entraver ce fonctionnement du marché.

Prenons l'exemple du marché du travail. Il y a en France, et dans plusieurs pays, un salaire minimum imposé par la Loi. En France c'est le **SMIC** (9.88€ brut/heure en 2018). Les économistes les plus libéraux diront que le SMIC entrave le libre jeu du marché, car on introduit un élément rigide qui fait que sur certains marchés, l'équilibre ne pourra pas avoir lieu. Si le SMIC est supérieur au salaire d'équilibre qui s'établirait par le libre jeu du marché, alors il y aura plus d'offre de travail que de demande et cela créera du chômage.

Graphiquement ça se traduit ainsi :

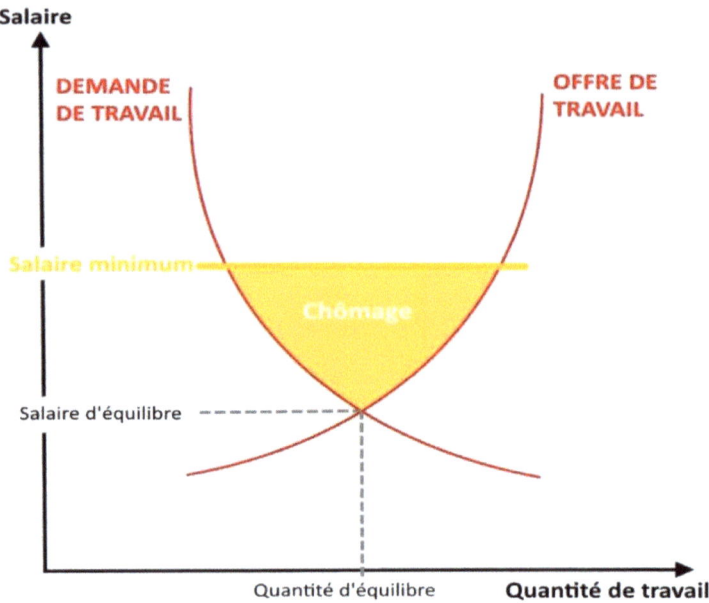

Pour compliquer les choses, car les économistes aiment bien la complexité, il faut introduire la notion d'**élasticité**. Imaginez un élastique. Vous en mettez une extrémité sous votre pied et vous tirez avec votre main sur l'autre extrémité.

Si l'élastique se tend facilement avec une simple traction digne d'un enfant de 6 ans, on peut dire qu'il a une forte élasticité. Si au contraire, vous devez être l'homme le plus fort du monde ou la femme la plus forte du monde pour le faire tendre, on peut dire qu'il a une faible élasticité.

Une offre ou une demande est élastique (par rapport au prix) quand elle varie beaucoup lorsqu'une simple variation du prix suffit à la modifier. Elle est peu élastique quand il faut vraiment une forte variation du prix pour la modifier.

Le prix de la baguette de pain a grimpé de 50% en moins de 20 ans. Pourtant les gens en achètent toujours autant. La demande de baguette de pain est peu élastique.

A l'inverse, pour d'autres biens, la demande est élastique.

Une élasticité-prix égale à -1 signifie qu'une hausse de 1% des prix entraîne une baisse de 1% de la demande.

On a coutume de dire qu'une demande est élastique lorsqu'une augmentation du prix de 1% entraîne une baisse de la demande de plus de 1%. Et inversement.

Si une hausse du prix de 1% entraîne une baisse de la demande de 2%, on a une élasticité de -2.

Si une hausse du prix de 1% entraîne une baisse de la demande de 0.5%, on a une élasticité de -0.5.

Évidemment l'élasticité de la demande dépend de la catégorie sociale et d'autres paramètres.

Regardons ainsi l'élasticité-prix de la demande de carburant :

Type de ménage	Élasticité - prix
Ménages les moins aisés	-1.04
Ménages les plus aisés	-0.93
Ménages n'utilisant pas leur véhicule pour le déplacement domicile-travail	-1.51
Ménages utilisant leur véhicule pour le déplacement domicile-travail et habitant en milieu rural	-0.68
Ménages utilisant leur véhicule pour le déplacement domicile-travail et habitant en milieu urbain	-0.85

Source : Rapport de Clerc et Marcus, 2009

Ce tableau montre que les ménages qui ont le plus besoin de leur voiture (car habitant en milieu rural) sont ceux dont la demande en carburant sera la moins élastique. A l'inverse, ceux qui n'ont pas besoin de voiture pour se rendre au travail auront une demande de carburant élastique au prix.

D'une manière générale, plus on a besoin de quelque chose, moins notre demande sera sensible (donc élastique) aux variations de prix de cette chose. Le Gouvernement a évidemment étudié tout cela en détail, sachant pertinemment que la hausse des prix du carburant n'impactera que peu la demande en carburant.

Il est important pour une entreprise de connaître l'élasticité-prix afférente à la demande des produits qu'elle propose. Un boulanger, surtout s'il est le seul du village, sait que s'il augmente le prix de ses baguettes de 5% ou même de 10%, les gens râleront, mais la demande ne sera pas, ou quasiment pas affectée.

Cela dit, il y a des exceptions au fait que la demande baisse quand le prix augmente ! C'est le cas pour les biens de luxe ou les œuvres d'art. On a le sentiment que plus elles sont chères, plus il y a d'acheteurs. Par ailleurs, dans la vie de tous les jours, le prix peut être un indicateur de qualité et pas seulement de rareté. Dans l'esprit des gens néanmoins. On m'a raconté l'histoire d'un petit restaurant à Biarritz (une ville plutôt riche) dans lequel on mangeait très bien. Les prix n'étaient pas chers du tout, mais la foule ne s'y ruait pas, car les prix étaient si bas que les consommateurs pensaient que la qualité était médiocre. En fait, dans certains cas, le prix peut être un informateur de la qualité perçue. Cela est surtout valable quand on ne connaît pas le produit. Je connais très bien le monde du vin, et en matière de vin, pour une même référence je vais chercher le prix le moins cher. Loi de la demande. Par contre, je ne connais pas le monde du saké. Si je souhaite acheter une bouteille de saké dans un supermarché, je n'irai pas forcément sur la moins chère, car le prix étant mon seul informateur (vu mon incompétence en la matière), il sera un indicateur de qualité à mes yeux.

Voilà comment fonctionnent les « pièges à touristes » ! Ces restaurants chers et pas forcément bons, mais qui attirent les touristes en des endroits stratégiques ! La loi de la demande trouve donc parfois des limites. Liées au fait que pour fonctionner à merveille il faut que l'information soit parfaite !

On dira donc que les courbes d'offre et de demande sont un modèle qui représente la réalité, mais qui n'est bien sûr qu'une approximation. Disons quand même que dans 90% des cas, la demande baisse quand les prix augmentent.

10

LA CONCURRENCE

En France La Poste n'a pas de concurrent. Elle seule possède le pouvoir d'émettre des timbres. Que la demande de timbres soit élastique ou pas, si les gens veulent envoyer du courrier ils n'auront pas d'autre choix que de subir les hausses de prix des timbres. Une hausse faramineuse ces dernières années :

NB : pour les besoins du graphique le prix du timbre a été ramené en euros antérieurement à 2002.

Évidemment, certains n'enverront plus de cartes postales, mais des courriers électroniques à la place, ou des photos via smartphones. Mais, pour les courriers administratifs, entre autres, nous sommes bien obligés de passer par La Poste !

Si La Poste avait des concurrents, elle tiendrait compte de l'élasticité-prix de la demande de timbres. Car les consommateurs pourraient aller voir ailleurs. Mais La Poste n'a pas de concurrent. Elle est en situation de **monopole**.

Un monopole consiste en la présence d'un producteur, un seul offreur si vous préférez, face à une multitude de consommateurs. Du coup, le « monopoleur », comme disent les économistes, peut faire à peu près ce qu'il veut. Il est le roi sur son marché. C'est pourquoi ce genre de marché est rare. Il est en effet très peu fréquent qu'une entreprise ait mis de telles barrières à l'entrée de son marché qu'elle n'ait pas de concurrence. Et d'ailleurs, les autorités de la concurrence veillent à cela. Chaque pays ou presque dispose de son **autorité de la concurrence**. En France, on peut lire sur le site de cet organisme :

« *L'Autorité de la Concurrence est une autorité administrative indépendante, spécialisée dans l'analyse et la régulation du fonctionnement de la concurrence sur les*

marchés, pour la sauvegarde de l'ordre public écono-
mique. Au service du consommateur, elle a pour objectif
de veiller au libre jeu de la concurrence et d'apporter son
concours au fonctionnement concurrentiel des marchés
aux échelons européen et international. »

(Source : http://www.autoritedelaconcurrence.fr)

Au niveau européen, il y a une Direction Générale de la
Concurrence, placée sous l'autorité de la Commission
Européenne, qui entend, selon ce qui est écrit sur son
site : *« améliorer le fonctionnement des marchés euro-*
péens, en garantissant une concurrence juste et équi-
table, fondée sur le mérite, entre les entreprises. Le
respect de ces règles profite aux consommateurs, aux
entreprises et à l'ensemble de l'économie européenne. »

(Source : http://ec.europa.eu/dgs/competition/index_fr.htm)

Mais alors, pourquoi La Poste peut-elle se permettre
d'être en situation de monopole ? Pourquoi n'est-elle
pas réprimée par ces autorités qui veillent au grain ?
D'après vous ?... Car c'est un monopole d'État. En
France, seuls les monopoles d'État sont permis. La SNCF
est aussi un monopole d'État. Même si le rail français
est partagé pour des destinations internationales, sur
lesquelles la SNCF a des concurrents (Thalys, Thello,
etc), pour ce qui est des destinations franco-françaises,
la SNCF a un monopole, car la SNCF est une entreprise
d'État.

Dans un pays comme les États-Unis, bien qu'il n'y ait pas de monopole d'État, on constate néanmoins l'existence d'entreprises qui se trouvent en situation de quasi-monopole sur leur marché. C'est le cas de Google par exemple, qui a réussi à réduire la concurrence à portion congrue. Ainsi, Google caracole en tête de très loin, avec 90% environ de part de marché concernant les moteurs de recherche. Seulement, la différence avec un monopole d'État comme la Poste est tout de même claire et nette. En effet, si vous voulez acheter un timbre, vous n'avez pas d'autre choix que La Poste. Ce choix vous est imposé. Si vous faites une recherche sur le web, vous pouvez tout à fait passer par Bing, Qwant, Yahoo ou d'autres, même si par réflexes, nous allons tous sur Google. Par ailleurs, si vous voulez vous offrir une campagne de pub sur le web, Google entre alors en concurrence avec Facebook dont les tarifs, à ce jour, restent nettement inférieurs. Le choix de passer par Google ne nous est donc pas imposé aussi strictement que l'est celui de La Poste.

Pour les économistes néo-classiques, ceux de la première heure, qui ont inventé l'économie moderne, la situation idéale est celle d'une **concurrence pure et parfaite**. Tout l'inverse d'un monopole. Ne nous leurrons pas, ce modèle n'est que théorique et n'existe pas dans la réalité. Une situation de concurrence pure et parfaite sous-entendrait que cinq critères soient réunis :

- L'<u>atomicité</u> : le nombre d'acheteurs et de vendeurs est très grand et aucun offreur ni demandeur n'a un poids sur le marché suffisant pour pouvoir influencer le prix.

- L'<u>homogénéité des produits</u> : tous les biens et services produits sont absolument identiques et interchangeables.

- La <u>fluidité</u> : chacun peut entrer et sortir librement du marché.

- La <u>libre circulation des facteurs de production</u> : le capital (machines, argent, etc.) et le travail sont parfaitement mobiles et peuvent se déplacer d'une industrie à l'autre sans que cela n'occasionne de coûts.

- La <u>transparence de l'information</u> : tous les participants au marché, acheteurs et vendeurs, ont la même information au même moment.

Inutile de s'appesantir là-dessus, la concurrence pure et parfaite ne peut pas exister. En effet, même sur un marché de fruits et légumes du dimanche, le consommateur regardera les produits et comparera les melons d'un commerçant avec ceux du voisin : lesquels semblent plus beaux ?... plus goûteux ?... et moins chers si possible !

Sur la plupart des marchés, les deux modèles concurrentiels les plus fréquents sont l'**oligopole** et la **concurrence monopolistique** . Nous vivons avec tous les jours. Tiens, ça y est, le langage rébarbatif des économistes fait son apparition dans ce livre qui était si simple à lire ! Désolé... Parfois on n'a pas le choix ! **En fait pour bien comprendre les mots et les retenir, il faut réfléchir à leur racine. Oligopole... Dans ce mot il y a « oligo » comme « oligo-éléments ». Oligo, c'est « rare, peu de ». Donc oligopole, c'est un pouvoir détenu par peu de monde.**

Et concurrence monopolistique, ça comprend concurrence et monopole... comment est-ce possible ? Nous le verrons plus tard.

Commençons par l'oligopole.

Un marché d'oligopole est un contexte où il y a peu de vendeurs, peu de producteurs. Le type même de marché oligopolistique que nous côtoyons chaque jour est celui des opérateurs mobiles. C'est très simple, ils sont quatre à ce jour : Orange, Bouygues, SFR, Free.

Aux derniers pointages, Orange dispose de 45.5% du marché puis les autres se le partagent ainsi :

Orange	45.5%
Free	22.4%
SFR	20.3%
Bouygues	11.7%

Source : JDN, mars 2018

Sur ce genre de marché, les autorités de la concurrence veillent à ce qu'il n'y ait pas d'entente illicite sur les prix. Autrement dit, pas de formation de **cartel**. Les **lois antitrusts** aux États-Unis sont particulièrement sévères en la matière. Il s'agit de lois qui empêchent des groupements de producteurs destinés à instaurer un monopole de fait.

En France, il n'existe pas de loi antitrust, mais une obligation pour les entreprises de soumettre aux autorités un projet de fusion ou de prise de contrôle à partir du moment où cette fusion est susceptible de conduire à une **position dominante** (plus de 30 % du marché national d'un produit donné). Évidemment cela ne concerne pas l'Etat qui pratique, comme nous l'avons vu les monopoles !

Par ailleurs, au niveau européen, les autorités veillent à ce qu'il n'y ait pas d'entente illicite. Ainsi, en 2005,

Orange, SFR et Bouygues avaient tous trois été condamnés à de lourdes amendes pour entente illicite. Ils étaient accusés de s'être entendus entre 2000 et 2002 en vue de geler leurs parts de marché, et pour avoir échangé, entre 1997 et 2003, des informations confidentielles et stratégiques. Une époque où Free n'avait pas encore investi ce marché (Free y est entré en 2012).

Passons à la concurrence monopolistique à présent. Derrière cette expression rébarbative se cache la situation la plus courante dans la vie de tous les jours. Vous voulez acheter une voiture ? Vous avez un choix pléthorique ! Avec plusieurs centaines de constructeurs, on ne peut pas parler d'oligopole. Car, je vous le rappelle, « oligo » c'est « peu ». Ici il y en a moult ! Mais chaque constructeur a su créer une image, un style, voire parfois un mythe. Tout cela fait qu'un client de Mercedes ne va pas aller du jour au lendemain chez Peugeot par exemple. Un acheteur de Mac Laren ne voudra pas de Ferrari. Chaque constructeur est en concurrence avec tous les autres, mais chacun dispose d'une sorte de mini-monopole sur sa marque. C'est tout bête à dire, mais sur le marché automobile Mercedes est en concurrence avec Audi, Renault, Peugeot, Volkswagen, Volvo, etc... Pourtant Mercedes est le seul à faire du Mercedes, Mercedes a un monopole sur Mercedes... Évidemment, le consommateur garde le choix. Et un amateur de Mercedes ira voir ailleurs si les prix pratiqués par la marque à l'étoile lui deviennent inaccessibles ou s'il est déçu. C'est pour cela que sur un marché de concurrence monopolistique, la concurrence existe bel et bien, mais **chaque produit est unique en son genre**. D'où le fort investissement des entreprises sur leur image de marque : plus une marque a une image forte, plus l'étendue du monopole autour de sa marque sera importante. Autre critère de différenciation des produits : le **marketing**, le packaging. Vous avez acheté ce livre. Je vous en remercie. Pourtant il y avait d'autres livres de démocratisation de l'économie ! Je n'aime pas le terme vulgarisation, car on ne rend pas vulgaire un savoir. Aussi démocratisation me semble plus adapté. Pourquoi avez-vous choisi ce livre ? Il est d'ailleurs peut-être plus coûteux qu'un autre ! Mais vous l'avez choisi, car il vous a parlé, car la couverture vous a attiré, que le titre était sympa, le style direct, simple... ou que l'auteur vous a inspiré !

C'est la concurrence monopolistique. Un marché dans lequel un producteur parvient à différencier son produit de ceux de ses concurrents par certaines caractéristiques qui seront mises en avant dans la communication marketing. Si le marketing a pris une telle place dans les entreprises, c'est en raison de la nécessité de différenciation des produits, précisément !

Ainsi, le prix n'est plus la seule variable de compétition. Sur certains marchés, la compétition se fait par tout à fait autre chose que le prix. Aimant les anglicismes, les économistes parlent de « **non price competition** ».

11

INTERNATIONALISATION ET CROISSANCE DES ENTREPRISES

Bien souvent, très souvent même, une entreprise grandit. Et, comme pour un individu, grandir c'est voir sa taille augmenter. Seulement, la taille d'une entreprise ne se mesure pas en mètres ! Elle se mesure en général par deux critères :

- L'effectif, c'est-à-dire le nombre de salariés.*

- Le chiffre d'affaires, c'est-à-dire la recette.*

*Quelques ordres de grandeur seront précisés en annexe.

Un aparté mérite d'être fait ici. Trop de gens confondent **chiffre d'affaires** (ou recette) et **bénéfices**. Le chiffre d'affaires c'est le produit des ventes. Si vous avez un tabac-presse, que vous avez vendu à la fin de la journée 500 paquets de cigarettes à 10€ l'un, et 300 magazines à 6€ l'un, votre chiffre d'affaires sera de :

500x10 + 300x6 = 6.800€.

Le bénéfice est ce qu'il reste une fois payé les frais afférents à l'exploitation de votre affaire. Les salaires, les achats de marchandises, l'électricité, etc. C'est pourquoi on parle de **bénéfice d'exploitation** quand on retire les frais de fonctionnement. Pour arriver au bénéfice final, dit **bénéfice net**, il faudra encore retrancher les impôts, frais financiers (intérêts d'emprunt par exemple), et tenir compte des frais exceptionnels, mais aussi des rentrées d'argent exceptionnelles.

Cet ouvrage n'est pas un ouvrage de comptabilité, il sera donc inutile d'aller plus loin dans ces concepts plus comptables qu'économiques. Il est juste primordial de ne pas confondre chiffre d'affaires et bénéfices.

Justement, pour en revenir à la croissance d'une entreprise, il est tout à fait possible que le chiffre d'affaires croisse, mais que les bénéfices baissent. De très nombreuses entreprises voient leur chiffre d'affaires augmenter, mais leurs bénéfices baisser, voire même devenir négatifs : on parle alors de **déficits**. Ce n'est pas parce qu'une entreprise grossit et fait plus de recettes que l'argent restant une fois les frais payés augmente ! En y réfléchissant, cela est normal : pour grandir, il faut embaucher, faire de la publicité afin de se faire con- naître, louer ou acheter des locaux, parfois des ma- chines, des moyens de transport, etc. Mais l'objectif in fine est bien entendu de faire des bénéfices, car une en- treprise qui grossit en accroissant indéfiniment ses pertes finira par disparaître. **La croissance non rentable s'accommode mal du modèle capitaliste dont le but ul- time est le profit, manière élégante de parler de béné- fices.**

En grandissant, les entreprises atteignent différents pa- liers. En dessous de 10 salariés, on parle de **TPE** (très petites entreprises), tandis que les **PME** (petites et moyennes entreprises) comptent jusqu'à 250 per- sonnes et réalisent moins de 50 millions d'euros de chiffre d'affaires. Au-delà on a les **ETI** (entreprises de taille intermédiaire, de 250 à 5000 salarlés, et moins d'un milliard et demi de chiffre d'affaires) puis enfin seulement les grandes entreprises.

Les entreprises peuvent croître de deux manières : par **croissance interne** (ou organique), et par **croissance ex- terne**. La différence entre ces deux modes de croissance est simple à comprendre : faire de la croissance externe consiste à acheter d'autres entreprises, peu importe qu'elles soient du même secteur ou pas. D'ailleurs si une entreprise achète une entreprise d'un secteur différent du sien on dira qu'elle diversifie sa production. Par déduction, la croissance interne consiste à croître sans racheter qui que ce soit, mais juste en embauchant, en pénétrant de nouveaux marchés, etc.

Il est évident que pour aller vite, très vite, il faut réaliser de la croissance externe. Mais il ne faut pas faire d'erreur ! Car une erreur peut être fatale. La croissance externe peut être financée de différentes manières : par des crédits bancaires, par émission d'obligations, d'actions, etc. Nous verrons tous ces modes de financement dans la partie suivante.

Des empires comme celui de **Bernard Arnault** (LVMH) ou comme celui de **Patrick Drahi** (Altice, qui détient SFR ou encore NextRadioTV, maison-mère de BFM) se sont construits très rapidement par croissance externe. Et donc par montages financiers, par endettement pour financer cette croissance externe. Patrick Drahi est parti de zéro ou presque et se trouve à la tête de cet empire à 55 ans. A l'inverse, les géants du web américains (Google, Amazon, etc.) se sont développés par croissance interne principalement, mais ont aussi acquis d'autres entreprises, une fois qu'ils avaient atteint une taille critique.

Aujourd'hui le monde est de plus en plus décloisonné, ce qui rend mondiale la compétition entre entreprises. De nombreuses entreprises françaises sont en compétition avec des entreprises chinoises, coréennes, etc. C'est ainsi qu'Alcatel a quasiment disparu du marché des téléphones portables par exemple.

Et une entreprise qui veut croître n'a pas d'autre choix que de s'implanter à l'étranger. Les entreprises vont produire à l'étranger soit en créant des unités de production sur place soit en achetant des entreprises étrangères. Par exemple il y a une quinzaine d'années Renault a acheté Dacia afin de pouvoir produire dans les pays de l'Est donc à moindre coût. Lorsqu'une entreprise achète plus de 10% d'une entreprise étrangère, on dit qu'elle réalise une **IDE** (investissement direct à l'étranger). Par exemple en 2014, la société chinoise Dong Feng a acheté plus de 16% du capital de Peugeot elle a donc réalisé un IDE en France. Une entreprise devient une Firme multinationale ou **FMN** à partir du moment où elle a son siège dans son pays d'origine et qu'elle a une ou plusieurs filiales à l'étranger. Aujourd'hui toutes les grandes entreprises françaises sont des FMN, mais beaucoup de PME le sont devenues et cela marque une différence importante avec le monde économique d'il y a 30 ans où rares étaient les PME qui pouvaient se targuer d'être des multinationales. Aujourd'hui la toute petite entreprise multinationale devient presque la norme !

Avec la mondialisation de la technologie et l'essor de l'internet, une PME comme Drone Volt, petit constructeur français de drones, réalisant 9 millions d'euros de chiffre d'affaires et ayant seulement 40 salariés, peut se targuer d'avoir des filiales dans plusieurs pays dont aux USA. Idem pour Prodware, une société de prestations informatiques qui se développe d'année en année dans différents pays.

L'essor d'internet est au cœur de ce phénomène de mondialisation des PME. Il permet de réaliser beaucoup plus facilement des transactions bancaires sur de grosses opérations d'acquisition d'entreprise. Internet permet aussi aux entreprises d'avoir accès à un maximum d'information sur les sociétés des différents pays. Ainsi chaque entreprise pourra anticiper ses cibles potentielles. Sans même parler du commerce en ligne !

12

LA COMPÉTITIVITÉ

Compétitivité : un mot qu'on entend souvent. Combien de fois le Président Macron a parlé de compétitivité ! De rendre nos entreprises compétitives !

Là encore, en se référant à l'étymologie du mot, on se rend compte de suite qu'il y a un rapport avec la compétition. Être compétitif c'est se donner les moyens d'être bien placé dans la compétition que se livrent les entreprises au quotidien, tout simplement !

La compétitivité est la capacité d'un pays, d'une région ou d'une entreprise à se développer en étant efficace par rapport à ses concurrents. Pour une entreprise, on l'évalue souvent par l'évolution de ses parts de marché, mais aussi par sa capacité à faire des bénéfices ou par encore son image de marque. Par exemple on peut dire que Samsung est compétitive, car elle a une importante part de marché sur les téléphones portables (dans les 45%, bien devant Apple), mais on dira aussi que Ferrari est compétitive en raison de sa très forte image de marque et de sa capacité bénéficiaire, et cela malgré une part de marché absolument insignifiante ! **Il n'existe donc pas un chiffre qui mesure la compétitivité, c'est une notion relativement qualitative.**

La notion de compétitivité est au cœur de la mondialisation de la production est en est à la fois une cause et une conséquence.

Pour être compétitives dans un marché concurrentiel, les entreprises ont besoin de réduire leurs coûts de production ; c'est pour cela qu'elles ont tendance à délocaliser à l'étranger. La France faisant partie des pays ayant la main-d'œuvre la plus coûteuse, en raison de deux facteurs :

- L'existence d'un salaire minimum pour les emplois peu qualifiés (SMIC).

- L'existence de charges sociales très importantes (voir chiffres au chapitre 4).

D'une manière générale tous les pays du Nord et de l'Ouest de l'Europe ont un coût de travail élevé contrairement à l'Est et au Sud. Par exemple en Pologne le coût du travail est environ cinq fois moins cher qu'en France. C'est donc pour être compétitives que les entreprises françaises délocalisent leur production vers ce genre de pays. Quand elles le peuvent, bien sûr…

Le fait de pouvoir faire baisser les coûts de production permet donc aux FMN de rester compétitives : en ajustant leurs prix vers le bas grâce à des coûts de production moins chers, elles essayent de gagner des parts de marché. C'est ce qu'on appelle la compétitivité-prix qui explique et justifie les délocalisations. Nous pouvons citer les fabricants de vêtements, de jouets, de fournitures scolaires…

Et comme cela a été vu précédemment (chapitre 10), dans un cadre de concurrence monopolistique, la compétitivité d'une entreprise ne se fait pas que par les prix, mais aussi par d'autres critères comme l'image de marque, le design… Citons des entreprises comme Hermès, Vuitton, Mercedes, Tesla qui capitalisent sur une image de marque ou bien un savoir-faire unique. Ainsi, les marques horlogères suisses fabriquent en Suisse qui est un des pays au monde où la main-d'œuvre est la plus chère ! Elles ne se livrent pas entre elles à une compétitivité-prix, mais capitalisent sur des critères comme la précision, le design, le prestige, la solidité, l'exclusivité…

Porter au poignet une Rolex n'envoie pas le même message que de porter une Vacheron-Constantin par exemple !

La donne se complique sur certains secteurs comme les téléphones portables où la compétitivité se fait à la fois par les prix, mais aussi par l'image de marque et les innovations technologiques et esthétiques. Ainsi, Apple est une entreprise compétitive grâce à son image de marque, Samsung grâce ses innovations technologiques, et les fabricants chinois grâce à leurs prix. Les entreprises adaptent alors leurs stratégies marketing aux marchés qu'elles veulent conquérir, ce qui peut conduire à un marketing différent d'un pays à l'autre.

L'ARGENT, LE NERF DE LA GUERRE !

Anecdote vécue. A la caisse d'un supermarché. Réplique d'un retraité :

-« *Ils font le caviar à 7 euros, pour celui qui a du pognon, c'est pas cher, rien n'est cher pour ceux qui ont le pognon, parce qu'en plus, les banques leur prêtent tout ce qu'ils veulent ! Mais moi, le caviar j'y pense même pas !* »

13

LE SYSTÈME BANCAIRE ET LES BANQUES CENTRALES

Le financement de l'économie, c'est le nerf de la guerre. Nous n'allons pas ici développer l'histoire de la monnaie, il faut juste se souvenir qu'autrefois la monnaie n'existait pas, que tout ou presque pouvait servir de moyen d'échange, y compris les esclaves, puis que les premières monnaies ont commencé à exister il y a environ 2500 ans. À partir de là, un système d'échange plus objectif a commencé à être mis en place.

Les détracteurs de l'argent ont beau le critiquer, sans ce moyen d'échange, il n'y aurait pas d'étalon objectif de mesure de la valeur des choses, et tous les abus seraient possibles.

Ne nous étalons pas sur ces questions philosophiques et venons-en à décrire le système bancaire.

Au préalable, rappelons que l'activité économique moderne (consommation, investissement, création d'entreprise, lancement de projet, etc.) peut être financée de deux grandes manières : en passant par un intermédiaire, ou pas.

Qui dit passer par un intermédiaire dit passer par les banques. Ne pas passer par le système bancaire, c'est faire appel aux marchés financiers par exemple, où l'entreprise qui veut lever des fonds pour son développement sera directement en contact avec les épargnants. C'est encore faire appel aux « **business angels** », c'est-à-dire des investisseurs qui ne vont pas prêter à une entreprise mais lui donner de l'argent en contrepartie de parts dans l'entreprise (le plus souvent des actions), qui leur donnent des droits de vote et donc un mot à dire sur la gestion. Autre activité qui est apparue récemment : le « **crowdfunding** », qui consiste à ce que des entreprises, voire des associations, lèvent des fonds auprès de particuliers, parfois pour des montants très faibles (des tickets de 20 ou 30€ existent) via des plate-formes internet. Nous avons tous en tête « My Major

Company », pionnier en la matière, qui finance les artistes (le chanteur Grégoire en fut un des premiers) et permet à certains de se lancer véritablement.

Ces solutions existent, et se sont d'autant plus développées que les banques sont devenues assez réticentes à accorder des crédits aux microentreprises, de moins de 10 salariés. Même si ces trois dernières années, les banques ouvrent un peu plus le robinet.

Ainsi, selon de récentes données de la Banque de France, 69% des microentreprises ont obtenu un prêt de trésorerie au troisième trimestre de 2016 contre 62% fin 2015. Ce qui signifie que pratiquement une microentreprise sur 3 qui demande un crédit ne l'obtiendra pas ! Cela montre la défiance du système bancaire vers les plus petites entreprises, qui pourtant forment l'essentiel du tissu entrepreneurial français.

Dès que l'on grimpe en matière de taille d'entreprise, les chiffres d'obtention des crédits grimpent aussi. Ainsi, les PME (plus de 10 salariés), ont, elles, un taux d'obtention de prêt de 83%.

Bien que les solutions alternatives se développent, les banques constituent une sorte de pilier inévitable et central. Selon la Banque de France, toujours, en 2016, 65% du financement en France est réalisé par le crédit bancaire. Correspondant à 715 milliards d'euros.

Une banque est finalement une entreprise qui a un métier particulier : celui de faire l'intermédiaire dans tout ce qui concerne l'argent. La banque collecte l'épargne de ses clients et avec cela elle accorde des prêts. Elle collecte l'argent de ceux qui ont la capacité de finance-

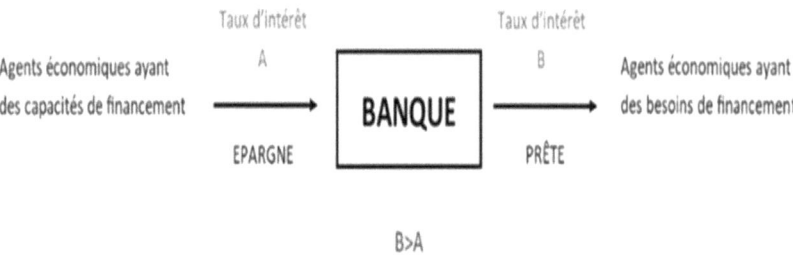

ment et le prête à ceux qui sont dans le besoin. Le **taux d'intérêt** est le prix de l'argent, qui vient s'intercaler aussi bien pour prêter que pour emprunter.

Si on raisonne schématiquement, c'est parce que le taux d'intérêt prêteur est supérieur au taux d'intérêt emprunteur que la banque fait des bénéfices.

Même principe que pour n'importe quelle entreprise, qui achète un produit à 3€, le transforme, le « markette », et le vend par exemple à 10€.

Le taux d'intérêt se définit donc comme le prix de l'argent : pour l'emprunteur c'est le prix qu'il faut payer

pour avoir de l'argent et pour le préteur c'est le prix de l'argent auquel il doit renoncer pour que ce dernier soit mis sagement sur un compte.

Les épargnants ont, à leur disposition, différents types de supports pour placer leur argent.

Le livret A par exemple qui offre un taux d'intérêt de 0,75 %/an (il y a 259 milliards d'euros sur les livrets A en France, soit 4.000 €/habitant en moyenne). En revanche, les dépôts à vue (argent disponible sur le compte courant) ne sont pas rémunérés pour la quasi-totalité des banques.

Les banques sont organisées sous forme de réseau avec des agences bancaires et elles font aujourd'hui d'autres métiers que leur métier de base : elles gèrent de l'argent, spéculent sur les marchés, proposent des assurances, etc.

Concernant les taux d'intérêt auxquels les banques prêtent de l'argent, ces derniers sont différents selon le prêt que l'on souscrit. Actuellement les taux d'intérêt sont bas. Un prêt immobilier sur 20 ans est réalisé en moyenne à 1,5 %/an. Un crédit à la consommation sur 7 ans se traite plutôt autour des 6 %/an.

Il y a deux catégories de banques : les banques commerciales, que l'on côtoie chaque jour et les banques d'affaires, qui font souvent partie du même groupe mais qui n'ont pas d'agences, qui reçoivent dans des bureaux.

L'ensemble des banques, commerciales ou d'affaires, est contrôlé par la **banque centrale**. La banque centrale européenne, la **BCE**, est la banque centrale commune à tous les pays de l'Union européenne. Autrefois chaque pays avait sa propre banque centrale ; pour la France, il s'agissait de la banque de France, qui existe toujours, mais qui n'a plus le pouvoir d'une banque centrale. La banque centrale des États Unis est la FED (réserve fédérale).

La banque centrale est un organisme d'Etat qui met en œuvre la production monétaire, elle peut créer de la monnaie autant qu'elle veut. C'est le seul organisme qui a un pouvoir de création monétaire. La banque centrale fixe un taux d'intérêt appelé « **taux directeur** » qui est le taux d'intérêt auquel elle va prêter de l'argent aux banques. C'est en fonction de ce taux directeur et de ses évolutions que les taux d'intérêt des banques vis-à-vis de leurs clients vont augmenter ou diminuer. Ainsi, si les taux d'intérêt pratiqués dans l'économie sont actuellement très bas c'est parce que la banque centrale européenne a un taux directeur à 0 %, ce qui signifie qu'elle prête de l'argent gratuitement aux banques.

Ce taux directeur n'a fait que baisser depuis la crise de 2008, avant de se stabiliser.

Le taux de 0 % concerne les opérations principales de refinancement. Le taux directeur est de 0,25 % pour le taux de facilité de crédit et de -0,4 % pour le taux de dépôt !

Ce qui signifie qu'une banque qui dépose de l'argent à la BCE ne paiera pas d'intérêts, mais sera au contraire rémunérée pour le faire !

Les banquiers peuvent donc emprunter de l'argent auprès de la banque centrale, mais peuvent aussi se prêter de l'argent entre eux à court terme, à un taux d'intérêt qui est fixé sur le marché monétaire et qui en France s'appelle l'**EURIBOR**.

Et cet EURIBOR est lui aussi négatif actuellement. Autrement dit, une banque qui emprunte de l'argent à une autre banque sera rémunérée pour le faire ! C'est le cas depuis quelques années, car historiquement, ce taux a bien sûr toujours été positif. Ces baisses de taux ont largement permis, entre autres, à l'économie européenne de ne pas s'effondrer.

Le graphique suivant montre que c'est depuis le début de l'année 2016 que l'EURIBOR 1 AN (taux du prêt interbancaire à un an) est devenu négatif.

Voilà pourquoi les taux d'intérêt des crédits immobiliers octroyés aux particuliers sont si bas. **L'argent que la banque vous prête, la plupart du temps ne lui coûte rien ! Voire parfois lui rapporte !**

C'est aussi cela qui entretient la hausse des prix du marché immobilier, surtout à Paris où payer plus de 10.000 euros du mètre carré est désormais la norme. Si la BCE, qui est finalement le grand manitou en la matière, décidait de se montrer plus restrictive, il est évident que les répercussions sur le marché immobilier seraient énormes. Car les banques répercuteraient la hausse de taux sur les crédits consentis aux particuliers.

Ainsi donc peut être schématisé le financement bancaire de l'activité économique :

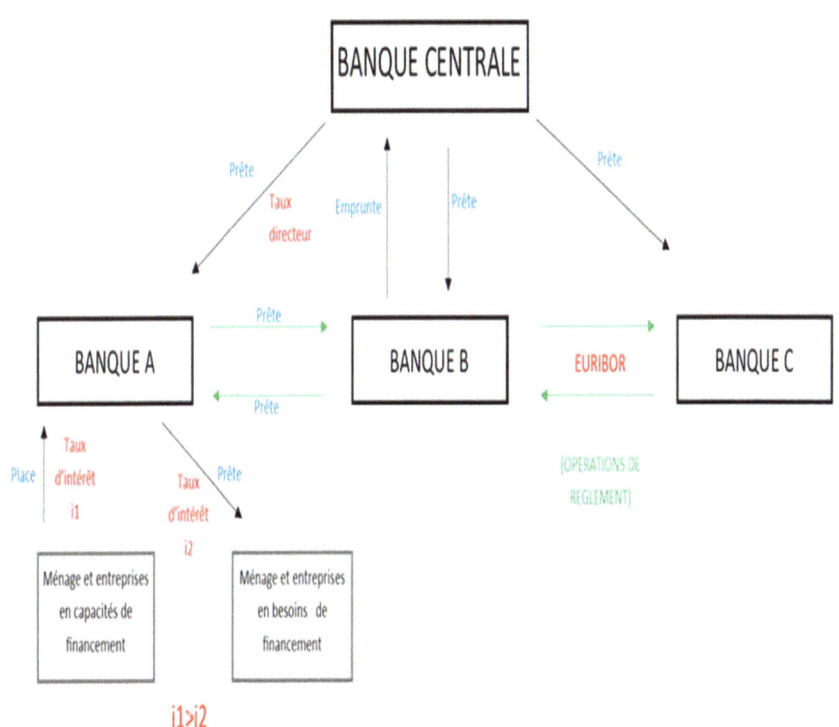

L'ARGENT, LE NERF DE LA GUERRE !

14

LES TAUX DE CHANGE

S'il est une problématique dont on parle régulièrement dans les médias économiques, c'est bien celle des taux de change.

Alors, un **taux de change**, c'est quoi exactement ? Imaginez-vous en Suisse, au bord le lac Léman, à Genève, le paradis des collectionneurs et des simples amateurs de montres. Vous voyez en vitrine une très belle montre (on ne citera pas de marque pour ne pas faire de jaloux), pour 5000 francs suisses. C'est amusant, hier vous avez vu la même, exactement la même en France à 4000€. Tiens… est-elle moins chère en France, alors que les Suisses sont les producteurs de montres ?

Non, on ne peut pas raisonner en ces termes. Tout dépend du taux de change entre les euros et les francs suisses. Le prix de votre montre, à Genève, ne bougera pas. Il restera de 5000 francs suisses. Si un euro vaut 1.2 franc suisse, ce qui est la moyenne des dernières années, on peut dire que le prix est équivalent de chaque côté de la frontière. Car 5000/1.2 = 4000. Mais si demain l'euro venait à s'effondrer, un euro vaudrait par exemple un franc suisse. L'euro serait moins fort, donc moins cher par rapport au franc suisse. Ainsi, un Français, un Allemand ou quelque citoyen de votre choix en zone euro pourra se payer moins de francs suisses avec son billet de 100 euros. Donc, vous devrez mettre plus cher pour acheter votre montre en Suisse. Si un euro vaut un franc suisse, votre montre vaudra 5000 francs suisses soit 5000 euros. Autant l'acheter en France dans ce cas... du moins si son prix n'a pas bougé, car la hausse du franc suisse, relativement à l'euro, risque d'être répercutée sur les produits en provenance de Suisse, mais pas immédiatement.

Inversement, si c'est le franc suisse qui s'effondre, avec son billet de 100 euros, notre touriste européen pourra s'offrir plus de francs suisses, donc, sur place, plus de chocolats et plus de montres ! Quoiqu'avec son billet de 100 il n'ira pas loin au niveau montres ! Mais vous qui lorgnez sur cette montre à 5000 francs suisses... qui vaut 4000 euros en France... imaginez !... avec un euro valant 1.5 franc suisse (c'était le cas il y a 10 ans), la montre en question vaudra pour vous 5000/1.5 = 3333 euros ! Là vous faites une affaire !

Voilà pourquoi, quand le dollar est bas, il est intéressant d'aller visiter les États-Unis : vous payez moins cher votre nuit d'hôtel, votre location de voiture, votre visite de l'Empire State Building, votre hamburger, et tout le reste. A New York, le prix affiché du hot dog new-yorkais (celui avec une saucisse de bœuf) sera toujours le même. Mais vous, qui gagnez votre vie en euros, qui vivez, pensez, respirez en euros, eh bien, le hot dog vous coûtera moins cher !

Voilà pourquoi aussi, depuis que l'Euro s'est mis à baisser face au dollar, donc depuis quelques années, nous constatons empiriquement une hausse du tourisme américain en Europe.

Le taux de change est donc le prix relatif d'une monnaie exprimé dans une autre monnaie. A présent, cela vous paraît intuitif. Si j'avais ainsi commencé le chapitre, vous seriez passé au chapitre suivant, n'est-ce pas ?

Aujourd'hui les taux de change sont fixés en continu sur un marché, en fonction de la loi de l'offre et la demande. Vous voyez pourquoi il est important d'avoir compris ce qu'était la loi de l'offre et la demande ! Cela permet de comprendre beaucoup de choses. Autrefois, quand chaque pays d'Europe avait sa propre monnaie, le cours des monnaies était fixé par des autorités monétaires. Il n'obéissait pas, ou quasiment pas à la loi de l'offre et la demande. Il y a eu le serpent monétaire européen (actif dans les années 70, il limitait les fluctuations de taux de change entre les pays membres grâce à un seuil d'intervention à la vente et un seuil d'intervention à l'achat de la part des autorités, en fonction d'un taux de change défini). Il y a eu ensuite d'autres systèmes interventionnistes qui faisaient que les taux de change d'une devise par rapport à l'autre étaient définis par les autorités. Aujourd'hui tout cela est fini, les taux de change des différentes devises les unes par rapport aux autres changent à chaque seconde... que dis-je !... à chaque fraction de seconde !... que dis-je !... en continu !

Les spéculateurs en profitent. Certains s'enrichissent sur ce marché appelé **FOREX**, d'autres se ruinent. Sachez qu'il s'échange environ 5000 milliards d'euros par jour, vous lisez bien, par jour, sur le FOREX ! Soit l'équivalent de deux fois le PIB français annuel ! Tout ce que la France crée de richesses en un an part en une demi-journée sur le FOREX ! C'est principalement sur le FOREX que se font et se défont les fortunes des traders. Les principales devises qui y sont échangées sont le dollar, l'euro, le yen, la livre sterling, et dans une moindre mesure le CHF (le fameux franc suisse).

La question que vous vous posez à ce stade est de savoir pourquoi l'euro, par exemple, va monter ou baisser par rapport au dollar, et vice-versa.

Bref, qu'est-ce qui détermine les taux de change ?

Un taux de change est déterminé par plusieurs éléments :

- Le différentiel des taux d'intérêt : les capitaux vont là où ils sont les mieux rémunérés, donc la ou les taux directeurs sont les plus élevés. Si les USA payent mieux que l'Union européenne, alors les Chinois, les Saoudiens, et qui vous voulez iront davantage vers les USA que vers la zone euro. Donc le dollar sera plus demandé que l'euro. Et donc l'Euro baissera face au billet vert.

- Le différentiel de croissance économique : les capitaux vont vers les zones où il y a plus de croissance, car c'est là qu'il y a les meilleurs investissements à faire. Si les USA ont une meilleure croissance que l'Europe, le taux de change €/$ (euro contre dollar) va baisser. C'est ce qui s'est passé au cours des dernières années. L'Euro est passé de 1.40$ en 2013 à 1.07$ en 2017, car la croissance du PIB américain a été comprise entre 2% et 3% par an, et plutôt vers 3%. Alors qu'en Europe elle n'était que de 1%. Actuellement ce taux est remonté vers 1.16$ et depuis quelque temps, il ne bouge plus !

-Les dettes souveraines. C'est-à-dire les dettes des états. Plus un pays est endetté plus cela aura tendance à faire fuir les capitaux donc à faire baisser sa devise.

Il faut bien comprendre que dans la majorité des cas les opérateurs n'attendent pas forcément que les banques centrales agissent sur les taux directeurs ni que les statistiques de croissance soient annoncées. Ils ont tendance à anticiper tout cela. C'est pour cette raison qu'il y a sur les marchés des changes une spéculation permanente.

Évolution de l'Euro face au Dollar depuis 20 ans :

15

LA BOURSE

Commençons par le commencement. A la base, et avant que les banques n'inventent des produits complexes, en bourse, on achète des actions. Or une action est une infinitésimale part d'une entreprise. **Acheter une action** revient donc à être propriétaire d'une minuscule parcelle d'une entreprise. Et il y a des millions de cette même parcelle. Qui sont sur un marché où il y a de l'offre et de la demande. Ce marché c'est la bourse. Si ces actions sont plus demandées qu'offertes, elles montent. Si elles sont plus offertes que demandées, elles baissent. Ce n'est pas plus compliqué. Pour réussir en bourse, il faut anticiper les actions qui seront demandées et dont le prix (ou cours de bourse) va monter et éviter celles dont le cours va baisser. La qualité de l'entreprise compte beaucoup, mais aussi les graphiques qui indiquent, qui montrent des tendances.

Une entreprise cotée a une valeur. Elle vaut le prix de son action multiplié par le cours de bourse de cette action.

Au 7 août 2018, l'action Apple vaut 207 dollars. Et il existe 4 milliards 917 millions d'actions Apple, rien que ça. L'entreprise Apple vaut donc un peu plus de 1.017 milliards de dollars (4.917 x 207). Apple n'a pas été choisie au hasard, c'est l'entreprise la plus chère du monde, la seule à avoir dépassé le cap des 1.000 milliards de capitalisation. Le prix total d'une entreprise cotée s'appelant la **capitalisation**.

Donc, si vous voulez vous offrir Apple, il vous faudra non pas sortir 1.017 milliards de dollars, mais bien plus encore, car, à partir du moment où vous direz que vous voulez l'acheter, le titre montera : il y aura de la spéculation. Et si vous voulez ramasser les quelque 5 milliards de titres existants un à un, bon courage !

La spéculation est un moteur de la bourse, on ne peut pas le nier. Ceux qui interviennent sur le marché spéculent sur les prix futurs des actions. A la hausse ou à la baisse. Quand ils estiment qu'une entreprise ou un secteur va progresser fortement, ils achètent, et donc cela fait monter les cours. S'ils achètent trop, s'ils vont « plus vite que la musique », alors se forme une **bulle spéculative**, c'est-à-dire une déconnexion entre les cours de bourse et la réalité des entreprises en question. Les cours planent en quelque sorte. Ils ne reflètent plus la réalité, mais juste les fantasmes des investisseurs. On a bien parlé de « **bulle internet** » au début des années 2000. Personne ne savait ce qu'était internet, mais tout le monde s'enflammait ! Et quand une bulle gonfle trop, le retour à la réalité est brutal et il peut y avoir un **krach**, à savoir un effondrement brutal et irrationnel (on dit souvent que le marché brûle ce qu'il a aimé). Tout cela est normal, car relevant de ressorts psychologiques. C'est un peu comme si un homme s'enflamme de trop pour une femme qu'il connaît à peine, ou vice-versa... La fièvre monte, l'obsession amoureuse est là... à chaque instant... heure après heure... Il (elle) la (le) voit partout, les secondes sans entendre sa voix sont longues... C'est l'euphorie. La passion. Et à la moindre déception, c'est un dur retour à la réalité, voire une déprime, peut-être même une dépression passagère ! La bulle, puis le krach ! Points communs entre l'amour passionnel et la bourse : les ressorts psychologiques humains !

Revenons-en à Apple.

Apple n'a pas toujours valu aussi cher ! Sachez qu'en 2002 -c'était hier, mais les iPhone n'existaient pas- le titre Apple valait dans les 2 dollars. Donc l'entreprise ne valait « que » 10 milliards environ. Une misère n'est-ce pas ? Pas vraiment, car à l'époque elle était loin, très loin de réaliser le chiffre d'affaires et les bénéfices qu'elle réalise aujourd'hui ! Apple était juste un reliquat du passé essayant tant bien que mal de se relancer avec l'I-Pod.

Je sais ce que vous pensez… que le titre a été multiplié par 100 en 16 ans ! Oui, vous calculez bien ! Si vous aviez placé 10.000€ sur Apple en 2002, vous auriez 1 million d'euros aujourd'hui !

Des aventures comme celle-ci, la bourse en regorge. En France aussi. Le titre Xilam Animation valait 1€ en 2010, il vaut 50€ en juillet 2018. Xilam Animation est une société qui a explosé grâce à son catalogue de dessins animés qui a rencontré un gros succès ces dernières années (« Zig et Sharko » par exemple, vos enfants ou petits-enfants, ou petits frères et sœurs si vous êtes adolescent, doivent connaître).

Oui, il y a beaucoup d'investisseurs qui s'enrichissent en bourse, mais d'autres s'appauvrissent, car il existe aussi de nombreux titres qui n'ont pas été multipliés par 50 ou par 100, mais ont été divisés par 10, 50 ou 100.

Néanmoins, si on n'utilise pas de produits à effet de levier, en bourse on peut davantage gagner que perdre. En effet, si vous achetez l'action d'une entreprise qui fait faillite, et que vous n'avez pas vendu cette action avant la faillite, vous perdez votre mise. Mais quand vous gagnez, vous pouvez gagner bien plus que votre mise comme nous venons de le voir avec Apple ou Xilam Animation. L'intérêt est de diversifier pour limiter le risque.

Mais cet ouvrage n'est pas un ouvrage d'initiation à la bourse, j'en ai écrit plusieurs sur ce sujet (voir en début d'ouvrage), je vous y renvoie si vous voulez en savoir plus.

La question qui va être plus centrale ici est de savoir si la bourse est utile ou néfaste à l'économie. Demandez autour de vous, faites un sondage, un micro-trottoir ! Ceux qui ne connaissent pas grand-chose vous diront qu'elle est néfaste.

C'est faux.

Faisons un raisonnement par l'absurde. Supposons que la bourse n'existe pas. Toute entreprise qui veut se financer devrait alors passer par le système bancaire ou bien demander de l'argent à des amis/ de la famille. Ce dernier financement (on appelle cela « **love money** ») va d'ailleurs bien fonctionner pour de très petites entreprises... le coup de pouce des intimes pour démarrer... mais vous ne lèverez pas des millions ! Pour des projets demandant des dizaines de millions d'euros, comme les biotechs par exemple, à savoir les sociétés de biotechnologies, qui passent leur temps à rechercher des vaccins ou des traitements pour combattre un tas de maladies, la bourse sera nécessaire. Nous allons voir pourquoi.

Une société de biotechnologie ne gagne pas d'argent par définition, mais elle peut tirer le jackpot si son médicament ou son vaccin est concluant après des années de tests. Quelle banque voudrait financer de telles sociétés ? Aucune. C'est trop risqué. L'État les finance un peu, mais vraiment très peu ! Quant aux amis... vu que ces sociétés ont besoin de dizaines de millions d'euros, il faudrait avoir le meilleur carnet d'amis au monde pour pouvoir faire du « love money » ! La bourse est la seule alternative pour ces entreprises, qui font régulièrement des appels publics à l'épargne, en demandant à des millions d'épargnants et à des fonds de bien vouloir investir. La bourse est la seule alternative, car en bourse les gens aiment se prendre à rêver. La bourse c'est en quelque sorte étendre le carnet d'amis à l'infini ou presque ! **La bourse c'est le réseau social du financement, par excellence !**

Sans la bourse, ces sociétés ne pourraient pas se développer, et donc pas exister ! Seuls existeraient les grands laboratoires pharmaceutiques qui rechigneraient à se lancer sur des pistes aussi risquées que le traitement de l'allergie aux cacahuètes qui concerne plus de 7 millions de personnes dans le monde et tue entre 10 et 150 personnes par an rien qu'aux États-Unis selon le rapport 2018 de GlobalData. Des sociétés comme Asit Biotech, société belge cotée en bourse, se sont lancées dans ce défi, mais pas les grands laboratoires. On peut dire que ces sociétés rendent service à l'humanité et que la bourse leur est d'une grande aide.

Sans la bourse ce serait moins d'espoirs de guérison, donc, pour des millions de gens !

Mais si la bourse n'existait pas, vous n'auriez pas non plus d'I-phone en mains ! Avez-vous vu le film sur **Steve Jobs** ? (*Jobs* de JM Stern). Une fois que vous aurez vu ce film, posez-vous la question : quelle banque aurait accepté, en 1980, de financer à hauteur de 100 millions de dollars environ, un tel personnage, aussi haut en couleur, aussi sensible et caractériel, aussi atypique, et de tels projets, si saugrenus pour beaucoup de gens à l'époque? L'entrée en bourse d'Apple en 1980 a permis à l'entreprise de réaliser une augmentation de capital de 100 millions de dollars. Ainsi, 4.6 millions d'actions nouvelles ont été créées, à un prix de 22$ l'une. Celui qui le souhaitait pouvait donc acheter des actions Apple pour devenir propriétaire d'une partie de l'entreprise et être dans l'aventure. En quelques heures, les actions créées ont été vendues, et c'est l'entreprise Apple qui a encaissé le produit de ces ventes... normal puisqu'elle a décidé de créer de nouvelles actions. C'est le principe des introductions en bourse, appelées **IPO** dans le jargon, et des augmentations de capital corrélatives à une IPO, qui font partie de ce qu'on nomme les **levées de fonds.** Encore une fois, on peut lever des fonds auprès d'une banque, mais dans le cas présent ces fonds ont été levés sur le marché boursier.

Ceux qui avaient déjà des actions Apple, en l'occurrence les salariés des débuts de l'entreprise, sont devenus millionnaires puisque leur action a pris, grâce à la bourse, une valeur considérable.

Si la bourse n'existait pas, Apple n'aurait pas survécu et le monde de l'informatique, de la technologie aurait été différent.

La bourse, vous l'avez compris, sert donc à :

- Faire rêver des gens, c'est sûr.

- Rendre des gens millionnaires, surtout ceux qui sont impliqués dans des projets qui prennent une vraie valeur grâce à la bourse.

- Donner une valeur objective à une entreprise, car c'est la valeur que le marché veut bien lui donner.

- Permettre à des projets d'exister, de pouvoir être financés. Y compris des projets de santé publique.

- Permettre à des entrepreneurs qui ne sont pas « dans les clous » d'emporter l'adhésion d'un public alors qu'ils n'auraient pas emporté l'adhésion des banques. Ni de quelques investisseurs privés. En bourse, c'est la psychologie des foules qui s'applique. Un projet qui ferait peur s'il était présenté à un petit groupe d'investisseurs, peut emporter l'adhésion d'un vaste public.

Cela dit, la bourse n'est pas un marché idyllique. C'est aussi un lieu où se propage la spéculation, c'est un marché assez peu régulé, où peuvent se diffuser facilement de fausses informations destinées à faire monter ou bien baisser une action. Il faut savoir qu'en bourse, les particuliers comme vous et moi ne représentent que 10% à peine des intervenants et des volumes traités. Les 90% restants, ce sont des fonds, des banques, des entreprises... Il faut savoir qu'en bourse on a le droit de vendre une action qu'on ne possède pas, avec l'espoir de la racheter plus tard à un prix plus bas. C'est comme si je vous disais que je vous vends la voiture de mon voisin pour 10.000€ et qu'ensuite, une fois que vous m'aurez payé, j'irai frapper à la porte du voisin pour lui acheter sa voiture à 8.000€ et vous la livrer. C'est ce qu'on appelle **la vente à découvert.**

Ce type de pratique, très usitée des traders, a l'avantage de fluidifier le marché, de l'équilibrer pour ne pas que tout monte tout le temps... Mais c'est aussi très dangereux, car les pertes peuvent cette fois excéder la mise ! En effet si vous vendez une action à 1€ et qu'elle monte à 3€... que vous devez alors la racheter à 3€ pour honorer votre position vendeuse, vous perdez 2€ soit 2 fois votre mise !

La vente à découvert est souvent utilisée par les gros intervenants pour faire baisser une action et faire paniquer les petits. Dans le but de pouvoir racheter encore plus bas. Cette technique, généralisée à l'ensemble du marché, est parfois à l'origine de krachs boursiers comme en 1998 ou en 2011. Durant l'été 2018, le fonds américain Muddy Waters a fait lourdement, très lourdement chuter le titre Casino sur la bourse de Paris. Ce qui met l'entreprise à genoux, car du coup sa valeur boursière (qui comme indiqué plus haut est sa valeur objective) fond comme neige au soleil, et lui rabaisse considérablement son potentiel de négociation avec les banques. Au moment où ces lignes sont écrites, il est probable que Casino soit contraint de vendre des actifs. Mais rien n'est encore décidé.

Plusieurs cas comme cela, généralisés à des indices, provoquent des krachs boursiers. Seulement, quand il y a un krach boursier, les entreprises qui veulent lever des fonds sur le marché ne trouvent plus rien, car tout est alors asséché et que la confiance est perdue. Hélas cela peut provoquer des faillites. La spéculation effrénée peut donc empêcher des projets d'exister, que cela soit dit.

Ainsi, en 2011, une société cotée (Easydentic) a été amenée à déposer le bilan, car elle n'a pas trouvé les fonds dont elle avait besoin, le marché étant alors dans une déprime totale. Cette société voulait lancer un défibrillateur portable… Dommage ! Voilà peut-être des vies humaines qui ont été sacrifiées sur l'autel du profit instantané. Car le projet de cette société a été présenté au mauvais moment, au moment où la spéculation baissière battait son plein.

La bourse n'est pas un système de financement idyllique, mais je dirais, à l'aune de ce qui vient d'être exposé, qu'elle apporte plus à l'économie et à la société qu'elle n'en retire.

Je vous renvoie, via les QR codes suivants, à quelques conférences publiques que j'ai eu l'occasion de donner sur ce sujet :

-« Le vrai rôle des marchés » :

-« Le financement par la bourse » :

Liens respectifs :

https://www.youtube.com/watch?v=tN6fVgMx5as

https://www.youtube.com/watch?v=8ijd5EAxedE

16

MARCHES OBLIGATAIRES ET FINANCEMENT DES ÉTATS

En bourse, vous avez compris qu'une entreprise vous propose d'acheter une part infinitésimale de son capital, pour que vous soyez dans l'aventure. Ce sont donc des titres de propriété qui sont vendus en bourse, qui vous donnent le droit d'aller aux assemblées générales des sociétés dont vous êtes actionnaire.

Mais parfois, une entreprise, pour se financer, n'aura pas spécialement envie de faire entrer beaucoup de monde au capital ! Parfois, une entreprise préfère tout simplement emprunter. Or nous avons vu que c'est de plus en plus difficile d'emprunter auprès des banques, surtout pour les PME ! Il y a la possibilité d'emprunter sur le marché. Auprès de gens comme vous et moi, mais aussi auprès de fonds. L'entreprise émet alors non pas une action (titre de propriété), mais une **obligation** (titre de créance). Vous avez sûrement entendu parler des obligations... Cela s'appelle ainsi, car l'entreprise qui émet une obligation a des obligations envers ceux qui la souscrivent, tout simplement ! Obligation de rembourser la somme empruntée, mais aussi obligation de servir un intérêt chaque année. Attendez... il ne faut pas se moquer du peuple ! On vous sollicite pour que vous prêtiez de l'argent, vous n'avez pas d'actions en contrepartie... on vous propose de vous rembourser dans 5 ans... parfois 10 ans... Il est normal que chaque année on vous serve un intérêt ! Et pas un petit s'il vous plaît !

Le taux d'intérêt proposé va dépendre de plusieurs choses :

- Le risque intrinsèque de l'entreprise. Il est évident qu'une grande et vieille entreprise comme Michelin n'aura pas besoin, pour attirer du monde, de servir un taux d'intérêt gigantesque ! Alors que la petite société biotechnologique belge, totalement inconnue du public, devra elle ramer avec des taux élevés pour trouver son public !

- Les taux d'intérêt monétaires, donc sans risque (le livret A et tout le reste). Vu qu'un placement obligataire est plus risqué qu'un livret A, il faudra bien récompenser le risque par un taux d'intérêt plus élevé que celui du livret A !

- La durée du placement. Plus celle-ci est longue avant le remboursement, plus il faudra rémunérer votre patience chaque année !

Nous parlions de Michelin. Précisément, le 29 août 2018, Michelin a annoncé avoir réussi à lever 2.5 milliards d'euros (rien que ça) sur le marché obligataire. Certains particuliers ont souscrit, c'est évident. Michelin a ainsi émis :

- Des obligations ayant 7 ans de maturité (autrement dit, si vous achetez pour 10.000€ d'obligations, les 10.000€ vous seront remboursés par Michelin dans 7 ans, pas avant). Ces obligations étant assorties d'un taux d'intérêt annuel de 0.87% par an.

- Des obligations ayant 12 ans de maturité (même principe, mais avec 12 ans au lieu de 7). Le taux d'intérêt est cette fois de 1.75% par an.

- Des obligations ayant 20 ans de maturité (maintenant vous avez pigé), avec un taux d'intérêt de 2.5% par an.

Certaines sociétés ont recours à des obligations convertibles en actions, c'est-à-dire que le souscripteur aura la faculté de les convertir en actions plutôt que de se faire rembourser. N'entrons pas dans les détails, ce livre n'est pas un manuel de financement des entreprises !

Maintenant que vous avez compris qu'une entreprise peut se financer de cette manière, sachez que les états aussi peuvent se financer de cette manière. Contrairement aux entreprises, les états ne peuvent pas se financer par l'émission d'actions, car ils n'ont pas de capital ! Vous ne pouvez pas être propriétaire d'une partie de l'Italie par exemple ! Donc, pour se financer, les États procèdent essentiellement ainsi. Et comme c'est facile d'émettre des obligations, c'est de cette manière que les États qui en veulent toujours plus (nous verrons pourquoi dans le chapitre suivant) s'endettent ! Les États émettent donc des obligations et ce sont des particuliers, des entreprises, des fonds, des banques, mais aussi d'autres états qui y souscrivent. Les obligations en question sont cotées sur le marché obligataire, et leur cours varie chaque jour en fonction de la santé de l'Etat en question.

Supposons que la France ait émis 1 milliard d'euros d'obligations à un taux de 1% par an. Si la France va mal, ou se met à faire peur (cela serait le cas si un parti extrémiste populiste arrive au pouvoir), le cours de son obligation va baisser, et donc le taux d'intérêt va monter. Si le cours de l'obligation est divisé par 2, le taux d'intérêt sera alors de 2% au lieu de 1%. Et les obligations suivantes seront émises avec un taux de l'ordre de 2%.

La logique est toujours la même qu'en bourse : plus un état rassure, moins il a besoin de servir un gros taux d'intérêt. A l'inverse, plus il fait peur, plus le taux d'intérêt en question monte.

La France émet différents types d'obligations, mais la plus connue est l' **OAT France 10 ans**. La France émet régulièrement de telles obligations pour se financer.

Voici l'évolution de son taux d'intérêt sur les dix dernières années :

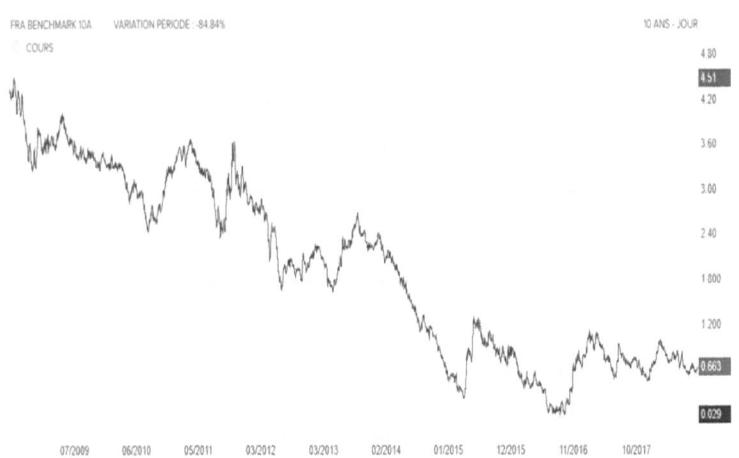

Globalement il baisse, car les taux directeurs des banques centrales ont énormément baissé (voir chapitre 11), et il remonte à chaque fois que la France inquiète.

Il se situe actuellement autour de 0.7% ce qui est faible et traduit le fait que les investisseurs ont confiance dans la France.

Récemment, la Turquie a vu ses taux obligataires flamber, et donc le cours de ses obligations s'effondrer en raison des tensions géopolitiques avec les États-Unis, en raison aussi de la faible croissance économique, et d'une inflation énorme. Les obligations turques rapportent, au 30 août 2018, plus de 20% par an ! Contre 0.7% pour les obligations de la France ! Le marché estime qu'il y a un risque important que la Turquie ne rembourse pas ses créanciers, comme c'était le cas pour la Grèce en 2011... Et donc il le fait sentir de façon extrême !

Au 30 août 2018, voici les taux d'intérêt des obligations de durée 10 ans de quelques pays représentant diverses régions du monde :

France	0.70%
Turquie	20.70%
États-Unis	2.88%
Allemagne	0.40%
Grèce	4.62%
Italie	3.13%
Royaume-Uni	1.47%
Afrique du Sud	8.9%
Chine	3.63%
Japon	0.10%
Canada	2.32%
Colombie	6.81%

Les obligations américaines rapportent beaucoup plus que les obligations françaises. On ne peut pas dire pour autant que les États-Unis effrayent plus que la France. Il y a la problématique des taux d'intérêt de la banque centrale dont il faut tenir compte. La FED a en effet commencé son cycle de hausse des taux alors que tel n'est pas le cas pour la BCE. Comparons donc ce qui est comparable... L'Allemagne, avec ses 0.40% est le pays d'Europe qui rassure le plus.

Les dettes accumulées par les états, appelées **dettes souveraines**, sont donc de plus en plus importantes, car ce mécanisme de financement permet de lever de l'argent facilement.

Regardons, pour le cas de la France, la courbe de la dette souveraine sur le long terme :

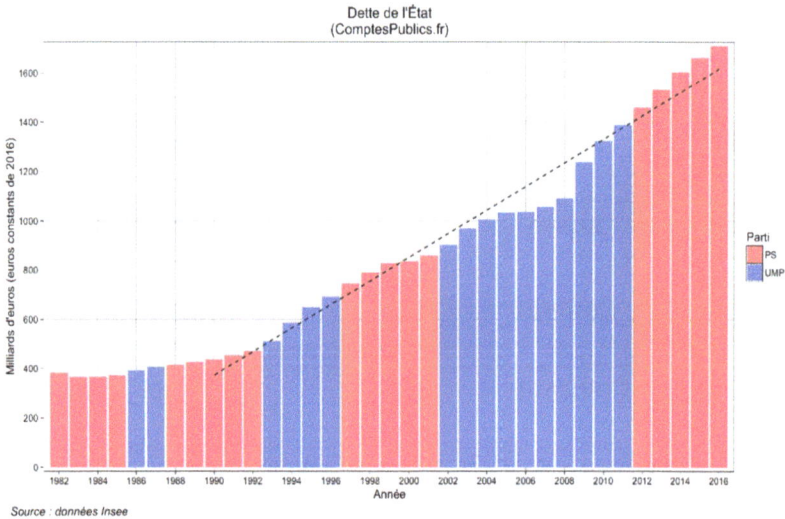

On ne fera pas de politique... Tous se jettent la pierre, et c'est de bonne guerre. Mais les uns comme les autres n'ont pas pu contenir la hausse de la dette française, passée de moins de 400 milliards d'euros en 1982 à plus de 1700 milliards en 2016. **Que la gouvernance soit**

bleue ou rose, le résultat a été le même depuis la fin des années 80 et le phénomène est mondial.

En 2018 la dette de la France devrait, pour la première fois de l'histoire, dépasser le PIB de notre pays.

Pourquoi cette augmentation de la dette publique ? Nous le verrons dans le prochain chapitre.

Mais la question que vous vous posez peut-être est : que se passerait-il si un pays ne payait plus ses dettes ?

Alors... scénario catastrophe ?

Si un petit état de la zone euro ne pouvait plus payer sa dette, nous l'avons vu avec la Grèce... les autres ont une tendance à voler à son secours. A court terme, cela génère des perturbations, y compris pour le système bancaire, car les banques achètent des obligations souveraines de divers états. En 2011 on avait eu très peur. Souvenez-vous des banques françaises dont certaines étaient particulièrement exposées à la Grèce, qui était alors au summum de ses difficultés. Si le Grèce avait été déclarée en faillite, car ne pouvant plus honorer ses dettes, alors les banques qui avaient des milliards d'obligations grecques auraient eu un énorme trou dans leur budget, qu'il aurait fallu compenser. Comment ? Par exemple en prélevant sur les comptes des épargnants, ou pourquoi pas, les assurances-vie des épargnants ! Eh oui… l'assurance-vie n'est pas un placement si sûr que cela. Dans mon dernier livre, « *Ce que votre banquier ne vous dira jamais* » (JDH Editions, février 2018), il est expliqué que « *les investissements que vous faites au sein de votre contrat d'assurance-vie ne vous appartiennent pas. En France l'assuré est un simple créancier de la compagnie d'assurance* ». Compagnie d'assurance qui est souvent la filiale de la banque.

La situation serait plus inquiétante si un « gros état » ne pouvait plus honorer ses créanciers. Le **jubilé de la dette**, on en parle de plus en plus. Savez-vous de quoi il s'agit ? D'effacer les dettes, de repartir à zéro. Facile à dire, mais pas facile à mettre en place, car les budgets des banques et des états seraient totalement déséquilibrés d'un coup… Ce serait un séisme de grande ampleur, et un séisme de grande ampleur fait apparaître de nouveaux paysages !

Il faut savoir que la Chine est le premier créancier des États-Unis. La Chine détient environ 1.200 milliards de dette américaine ! Si les Américains ne veulent plus rembourser les Chinois, cela asphyxierait la Chine… Oui, vous pensez la même chose que moi : une guerre ne serait pas impossible…

Personnellement, j'ai du mal à croire à l'avènement prochain d'une troisième guerre mondiale. Mais si un devin me disait qu'elle aura bien lieu, je pense que la vraie cause en serait l'endettement de certains états.

Pourquoi les états, et en particulier l'état français, sont si endettés ? Quelle est l'origine du mal ? Tel sera l'objet du chapitre suivant.

L'ARGENT, LE NERF DE LA GUERRE !

17

CE QUE L'ÉTAT GAGNE ET DÉPENSE

Prenons un cas d'école. Ce mois-ci, vous avez gagné 2000€, mais vous avez dépensé 3000€. Votre compte sera débiteur de 1000€. Vous devrez aller voir votre banque pour résoudre le problème. Le plus souvent vous aurez soit la possibilité de piocher dans vos économies, soit de demander un découvert autorisé. C'est-à-dire un crédit. Car un découvert est un crédit. Si vous n'avez pas d'économies, vous n'allez quand même pas vendre les bijoux de famille pour si peu ! Donc, vous allez demander un crédit.

Vous êtes un **agent économique**. Un agent économique est une personne physique ou morale qui prend des décisions économiques, qui a des entrées et des sorties d'argent dans son budget.

L'État est aussi un agent économique, mais beaucoup, beaucoup, beaucoup plus grand que vous ! La problématique est plus complexe dans son cas, mais elle est finalement la même ! Si l'État a dépensé plus qu'il n'a gagné, il va devoir demander un crédit. Et ce crédit, il ne le demande pas à la banque, mais il émet des obligations, comme nous l'avons vu au chapitre précédent. Et c'est de là que vient l'endettement des états. Quand un état dépense plus qu'il ne gagne, il est en déficit, et donc doit s'endetter pour trouver l'argent qui lui manque. Alors pour faire un peu pompeux, on parle de solde budgétaire de l'État pour désigner la différence entre les dépenses et les recettes dans le budget de l'État.

Depuis 1980, tous les ans, je dis bien tous les ans, l'État français a été déficitaire. Que la droite ou la gauche soit au pouvoir. Pour avoir un indicateur fiable dans le temps, on exprime ce déficit en pourcentage du PIB. Et on voit, avec le graphique suivant, comment ce déficit a varié depuis 1990 :

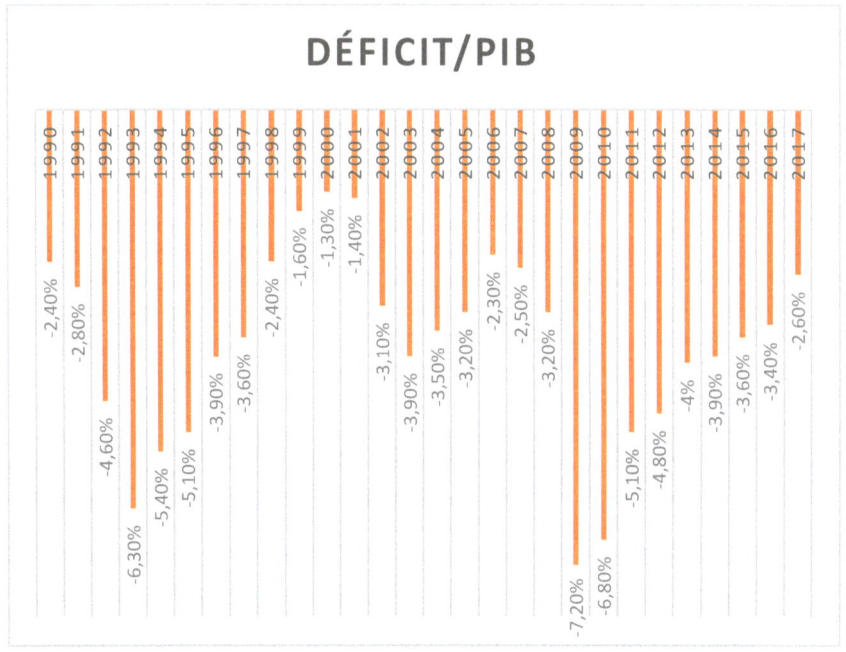

Si on fait la moyenne sur les 27 années présentées, il est de -3.6% du PIB.

On était bien partis pour se rapprocher de l'équilibre budgétaire en 2000/2001… Mais les attentats du 11 septembre ont plongé l'économie mondiale dans la crainte et la torpeur… On était à nouveau bien partis pour se rapprocher de l'équilibre budgétaire en 2007… Mais la crise des subprimes a de nouveau fait plonger l'économie française dans le chaos. Ces derniers temps, le déficit se réduit, mais une nouvelle crise ne guette-t-elle pas ?

Quand il y a une crise, le déficit augmente, car l'État a moins d'argent qui entre dans ses caisses, vu que les ménages et les entreprises ont moins de revenus... donc payent moins d'impôts ! Et l'État ne diminue pas ses dépenses pour autant, donc le déficit se creuse ! En 2008 l'année fut terrible pour l'économie ; conséquence, le déficit s'est creusé en 2009, car les impôts payés au titre de 2008 étaient bien plus faibles.

Ce qui advient sur le long terme, c'est tout simplement qu'avec l'accumulation des déficits, la dette augmente puisqu'à chaque fois il faut aller s'endetter pour éponger le nouveau déficit. Imaginez qu'à votre échelle, votre budget soit en déficit pendant 30 ou 40 mois ! N'osons même pas parler d'année... Les découverts autorisés ne suffiraient plus, vous seriez obligé de prendre des crédits à la consommation, et vos dettes s'accumuleraient. Voilà pourquoi la dette de l'État français n'a fait que croître d'année en année comme nous l'avons vu au chapitre précédent.

Mais la question qui reste en suspens à ce stade, c'est : « pourquoi chaque année, l'Etat dépense plus qu'il ne gagne ? »

Nous n'allons pas faire le tour du monde des états, ce livre n'étant pas un livre d'économie publique, mais d'économie générale. Essayons déjà de comprendre le phénomène pour l'État français !

L'État français dépense beaucoup, car la France est un grand pays. **Il dépense plus de 400 milliards par an.** C'est le pays qui a la plus conséquente armée d'Europe et qui de ce fait est censé protéger ses voisins. Et nous avons un système éducatif très coûteux. Sans parler d'une protection sociale unique au monde. On aime ou on n'aime pas, ce n'est pas la question, elle est unique au monde, force est de le constater !

Armée, Éducation, Protection sociale... Voilà déjà trois énormes pôles de dépenses ! A cela ajoutons toutes les dépenses classiques : police, hôpitaux, construction de routes, protection de l'environnement, etc. Les salaires des fonctionnaires faisant partie des dépenses ci-dessus citées.

Sur le budget prévisionnel 2018, l'Éducation nationale au sens large (incluant l'enseignement supérieur) devrait coûter dans les 100 milliards d'euros, soit plus de 4% du PIB. Et environ 25% des dépenses globales de l'État. L'armée devrait coûter dans les 42 milliards d'euros soit dans les 2% du PIB et environ 10% des dépenses globales de l'État. Les intérêts de la dette devraient coûter dans les 50 milliards d'euros. Soit plus de 2% du PIB. **Les intérêts de la dette coûtent plus cher que l'armée !** Cela devient à ce stade un vrai souci ! Qui prend de l'ampleur d'année en année vu que la dette s'accumule ! Si les taux d'intérêt venaient à monter… Attention à la catastrophe !

La Sécurité sociale coûte très cher en soi (autour de 350 milliards), mais il y a les différentes cotisations sociales que nous payons tous chaque jour qui viennent éponger la quasi-totalité des dépenses de la « Sécu ». Le fameux « **déficit de la Sécu**» n'a fait que se réduire ces dernières années (davantage de cotisations, moins de remboursements). Il est désormais de 4 milliards d'euros soit en gros 2 millièmes du PIB ! Autrement dit, la Sécurité sociale ne pèse quasiment rien dans le déficit de l'État.

Enfin, pour être complets sur les dépenses de l'État, rajoutons beaucoup d'élus, qu'il faut payer… On en fait parfois beaucoup pour finalement assez peu de choses ! La France compte dans les 600.000 élus, ce qui est énorme. Députés, sénateurs, maires (très nombreux), maires adjoints, conseillers régionaux, départementaux, et j'en passe ! Il n'y a pas de chiffres officiels sur le coût cumulé de tous ces représentants politiques. Mais des estimations autour de 1.2 milliard d'euros pour l'ensemble des élus locaux (les salaires sont inexistants pour des conseillers municipaux dans de petites communes). Pour l'Assemblée nationale, des estimations plus précises font état de moins de 600 millions d'euros, tandis que pour le Sénat on se situerait aux alentours de 300 millions d'euros et enfin 100 millions pour l'Élysée.

Tout cela cumulé, on a environ 2 milliards d'euros par an pour les élus, du conseiller municipal au Président de la République. Cela représente environ un pour mille (0.1%) du PIB français, et 0.5% des dépenses de l'État. Et quand on voit que le déficit annuel moyen de la France est autour de 3.6% du PIB, on peut se dire que si la France ne payait plus ses élus, ni leurs frais, ni l'entretien de leurs locaux, le déficit passerait à 3.5% au lieu de 3.6%. Si on veut se montrer pointilleux et qu'on intègre les retraites et autres de tous ces élus, on arriverait au pire à 0.2% de PIB. Autrement dit, soyons clairs, diminuer le nombre d'élus ou faire baisser leur rémunération, ne changerait rien sur notre déficit ! Donc quand les uns et les autres s'attaquent sur ce sujet, quand les médias en font des pages et pages, il s'agit d'une vaine polémique !

Du côté des recettes de l'État à présent, il y a bien sur les impôts… et surtout la **TVA**, que vous payez tous chaque jour. Cette fameuse taxe sur la valeur ajoutée. D'ailleurs en achetant ce livre vous avez versé à l'État 5.5% du prix du livre en TVA. Estimez-vous heureux, car sur les produits culturels la TVA n'est que de 5.5% contre 10% sur l'alimentation et 20% sur les produits de consommation courante. La presse bénéficie d'un taux exceptionnellement faible à 2.1%.

La TVA représente la principale recette de l'État avec plus de 150 milliards d'euros prévus au budget 2018, soit plus de la moitié des recettes. Ensuite il y a l'impôt sur le revenu (estimé à 72 milliards en 2018 soit 25% des recettes) puis l'impôt sur les sociétés (estimé à 25 milliards soit moins de 9% des recettes). Puis diverses taxes comme la taxe sur les produits pétroliers, la taxe d'habitation, la taxe foncière, etc.

Un raisonnement simpliste consisterait à prétendre qu'il faille augmenter les impôts pour arriver à combler le déficit. Le souci, c'est que la France est déjà un des pays les plus fiscalisés au monde et qu'en vertu de la célèbre courbe de **Laffer**, « trop d'impôt tue l'impôt ». Autrement dit, si l'État augmente la pression fiscale, un certain nombre de gens iront s'exiler ailleurs, tandis que d'autres essayeront de tricher et de dissimuler leurs revenus… Ce qui entraînerait des dépenses supplémentaires afin de contrôler ces gens. Donc selon cette célèbre courbe, il y a un taux d'imposition maximal à ne pas dépasser, au-delà duquel la pression fiscale finit par faire baisser les recettes fiscales plutôt que de les faire croître. Ceux qui prétendent le contraire ne font que tenir des discours populistes et les politiques le savent bien.

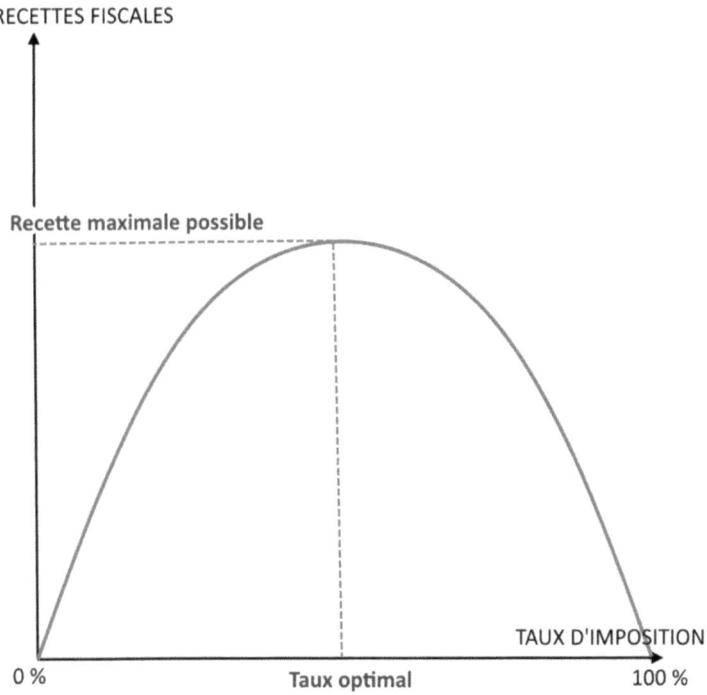

RECETTES FISCALES

Recette maximale possible

TAUX D'IMPOSITION

0 %

Taux optimal

100 %

Courbe de Laffer

L'ARGENT, LE NERF DE LA GUERRE !

LES PROBLÈMES ÉCONOMIQUES DU QUOTIDIEN

Inflation, pouvoir d'achat, chômage, retraites… On croirait une campagne électorale ! C'est normal, ce sont sur ces problèmes économiques du quotidien, qui parlent à tout le monde et surtout à la classe moyenne, que naviguent les politiques au moment de leurs campagnes électorales. Allons explorer la réalité de ces problèmes !

18

INFLATION ET DÉFLATION

Tout le monde sait que l'**inflation** c'est la hausse des prix et la **déflation** c'est la baisse des prix. Mais tout le monde a le sentiment qu'on nous dit beaucoup de bêtises là-dessus.

Si l'inflation en 2017 est de 1%, cela signifie que les prix ont augmenté de 1% entre le 1er janvier et le 31 décembre 2017. Quels prix au fait ? L'indice des prix à la consommation, qui est un indice calculé par l'INSEE (pour ce qui est de la France du moins).

Voilà les chiffres officiels de l'inflation en France depuis le début du siècle :

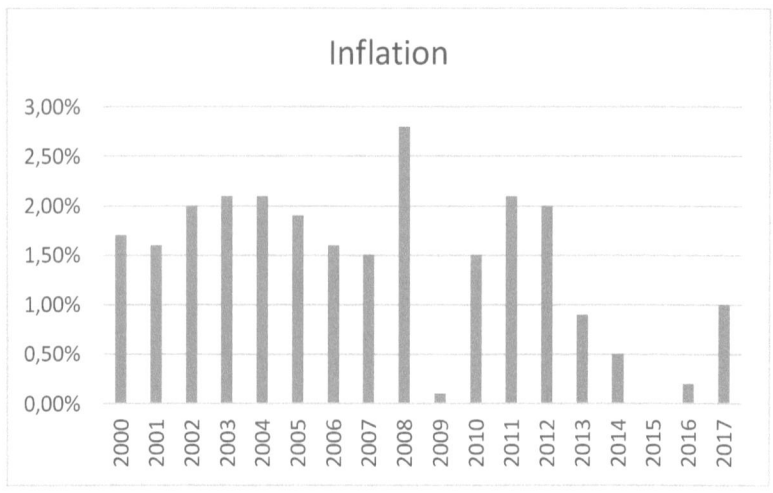

Si on cumule (ne vous fatiguez pas à calculer), les prix auraient, selon ces chiffres, augmenté de 26% entre 2000 et 2017.

Je pense que beaucoup d'entre vous sourient déjà, en pensant seulement à leur baguette de pain ! Une baguette, combien cela coûtait-il avant l'avènement de l'euro ? On entend souvent dire que la baguette coûtait 1 franc et qu'aujourd'hui elle coûte 1€, donc que le prix de la baguette aurait été multiplié par 6.5 ! On serait loin, dans ce cas, des 26% d'augmentation ! Les gens ont la mémoire courte… Il y a belle lurette que nulle part en France, en l'an 2000 ou 2001 vous ne trouviez la moindre baguette à 1 franc ! Une baguette coûtait en moyenne dans les 4 francs en l'an 2000. Soit 0.6€. Le prix de la baguette est en moyenne de 0.9€ aujourd'hui. Il a donc augmenté de 50% environ. Oui c'est plus que l'inflation officielle depuis l'an 2000 (26% rappelons-le), c'est même environ deux fois plus… Mais tout ce qu'on consomme ne se résume pas à la baguette ! Ne parlons pas des choses qui fâchent comme les timbres, car souvenez-vous, nous en avons déjà parlé (chapitre 10, et pour rappel le prix du timbre a environ doublé depuis l'an 2000).

Je vais vous rassurer, on ne vous ment pas dans les chiffres officiels de l'inflation. Les statistiques de ce genre sont très contrôlées et validées par moult experts avant d'être publiées. Ce qui peut induire en erreur, c'est qu'il s'agit de chiffres moyens sur l'ensemble des biens et services. Et comme pour toute moyenne, il y a des chiffres en dessous et des chiffres au-dessus ! La taille moyenne des hommes en France est de 1m75, mais certains mesurent 2 mètres et d'autres 1m50 ! Il y a des biens ou services, comme la baguette de pain qui ont vu leur prix augmenter plus vite que l'indice des prix… et des biens ou services qui ont vu leur prix augmenter moins vite… Je vais vous étonner : il y a aussi des biens ou services qui ont vu leur prix baisser. Pensez à vos forfaits téléphoniques ! En 2000, il vous coûtait beaucoup plus cher qu'aujourd'hui de téléphoner et d'envoyer des SMS ! Tout ou presque était facturé à prix d'or ! Et ne parlons pas des ordinateurs… Sur l'ensemble des biens et services de ce qu'on appelait « la nouvelle économie » (technologies, internet, communications), il y a eu de la déflation : les prix ont baissé. Car il y a eu de plus en plus d'utilisateurs, et donc les coûts de production ont été moins élevés grâce aux économies d'échelle. Ce qui s'est répercuté sur les prix de vente. Le moindre écran plat, au début du siècle, coûtait plus de 2000€ !

Là où vous avez peut-être le sentiment qu'on vous ment, même après avoir lu ces phrases, c'est sur le logement. Les prix de l'immobilier ont littéralement explosé depuis le début du siècle. Un appartement à Paris, en l'an 2000, se traitait en moyenne autour de 3.000€ du mètre carré. Combien aujourd'hui ? Pas loin de 10.000€ !

Sans vouloir vous décevoir, sachez que le prix de l'immobilier n'est pas inclus dans le calcul de l'indice des prix… Et donc, même si le prix de l'immobilier a triplé entre 2000 et 2017, cela n'impacte en rien les statistiques de l'inflation. La raison est simple à comprendre ! **Quand on parle de l'inflation, on fait allusion à l'indice des prix à la consommation. Seuls les actes de consommation sont concernés. Or acheter un appartement ou une maison, ou un manoir, ne revient pas à consommer, mais à investir !** Même si c'est pour s'y loger ! La différence est là !

L'inflation est souvent présentée comme un épouvantail. Pourtant elle n'est pas un mal en soi. Que les prix augmentent est plutôt une bonne chose pour l'économie sauf s'ils augmentent de trop et de plus en plus en plus vite sans s'arrêter... On parle alors d'**inflation galopante**. On a connu ce phénomène dans les années 80. Rassurez-vous, il y a peu de chances que l'on y revienne, car la part qu'occupent les biens et services déflationnistes dans vos paniers de consommation courante (ordinateurs, forfaits internet, demain robotique, etc.) est de plus en plus importante. Toutes les nouvelles technologies sont vouées à la déflation pendant encore de longues périodes en raison des baisses de coûts de production provoquées par les économies d'échelle permises par la production de masse.

Là où l'inflation peut être problématique, c'est lorsque les revenus ne suivent pas, lorsque les salaires ne suivent pas... Car, alors, le fameux pouvoir d'achat baisse !

Justement, venons-en, au pouvoir d'achat !

19

LE POUVOIR D'ACHAT

Le pouvoir d'achat, c'est tout simplement ce que vous pouvez acheter ! Votre pouvoir d'achat dépend de vos revenus et des prix. Le pouvoir d'achat est une notion abstraite. Si vous gagnez 3000€ par mois, vous pouvez acheter par exemple une demi-voiture d'occasion à 6000€, ou encore 1000 packs d'eau à 3€, ou encore 3 ordinateurs à 1000€... Mais en réalité vous achèterez un mélange de tout ça et de bien d'autres choses !

Pour formaliser la notion de pouvoir d'achat, on peut dire que c'est le revenu (R) divisé par les prix (P) : R / P.

Si le prix de ce que vous achetez augmente, mais que vos revenus stagnent, votre pouvoir d'achat va baisser, c'est arithmétique ! Si les prix montent, mais que les revenus montent, tout dépendra de l'ampleur de la hausse de chacun d'eux. Si votre revenu croît de 10%, mais que les prix croissent de 15%, votre pouvoir d'achat diminue. A l'inverse il augmente si les prix n'augmentent que de 5% quand votre revenu croît de 10%.

Les politiques font du pouvoir d'achat un enjeu crucial de leur débat, chacun se disant être le candidat du pouvoir d'achat… Mais que peuvent-ils vraiment pour le pouvoir d'achat ?

Peuvent-ils agir sur les revenus ? Oui, clairement… en faisant baisser les impôts par exemple, car du coup vous avez plus de revenus disponibles. Mais nous avons vu dans le chapitre 17 qu'il serait très difficile de faire baisser les impôts en France à moins de faire des coupes sombres dans le budget de l'Éducation nationale qui est un immense poste de dépenses. Ils peuvent aussi agir sur les revenus des plus modestes en augmentant le SMIC, mais attention, cela risquerait alors d'être contre-productif, car générant du chômage, comme nous le verrons au prochain chapitre.

Peuvent-ils agir sur les prix ? Ils le peuvent sur certains prix, pas tous. Car nous vivons dans une économie de marché où la plupart des prix sont le résultat de la confrontation de l'offre et la demande. Ils ne peuvent agir que sur les prix qui sont partiellement ou totalement administrés, comme le prix des timbres ou le prix du carburant, deux prix dont il a été déjà abondamment question dans ce livre (chapitre 8 pour le carburant et chapitre 10 pour les timbres). Or, force est de constater à l'épreuve des faits qu'aucun pouvoir politique ne s'est employé à faire baisser le prix des timbres ou des carburants... Et pourtant, tous ont parlé du pouvoir d'achat !

Les politiques ont une capacité d'action limitée sur le pouvoir d'achat, ils n'ont pas la latitude qu'ils prétendent, du fait que nous sommes dans une économie où la loi du marché reste prédominante. Avec des prix qui s'ajustent en fonction de plusieurs facteurs, dont les revenus de la population. En effet, plus les revenus sont élevés, plus la demande est forte et donc plus les prix sont importants.

Il y a une théorie qui prétend qu'à l'international, si on compare les différents pays, les gens ont le même pouvoir d'achat partout. Cela indépendamment des taux de change qui s'ajusteraient d'ailleurs de manière à ce que soit respectée cette parité. Il y aurait donc une parité qui s'établirait entre les différents pouvoirs d'achat des différents pays. C'est la théorie de la **parité des pouvoirs d'achat**. Voilà pourquoi les prix seraient en Suisse, près de deux fois supérieurs à ce qu'ils sont en France sur des biens et services courants, les Suisses gagnant environ deux fois ce que gagnent les Français. Prenons un exemple. A Lucerne, au cœur de la Suisse Allemande, une entrecôte frite se paye couramment 40€ (soit 48 francs suisses environ) dans un restaurant normal type « steackhouse » de centre-ville, soit près du double de ce qu'on constate dans une belle ville de province française.

Exemple de carte (en francs suisses ; diviser par 1.2 environ pour avoir l'équivalent en euros) :

STEAKS

The WOLF Steak 200/300g	Rucola Steak 200/300g
Rindsfilet Black Angus mit hausgemachtem Kräuterschaum überbacken, auf dem Holzbrett serviert mit Bacon, Zucchini und hausgemachten Pommes	*Schweizer Rindsfilet aus dem Luzerner Hinterland, auf dem Rucolabett serviert mit Mozzarella und Parmaschinken*
45/53	44/52

Weiderind aus dem luzerner Hinterland
Rindsfilet 200g/300g 40/48

Black Angus Special-Cuts
Entrecôte 200g/300g 35/42
Ribeye 300g 48
Tomahawk 700g bis 1500g .... pro 100g 12

UNSERE BEILAGEN:

Pommes .... +5
Süsskartoffel-Pommes .... +7
Chili-Pommes .... +6
Dirty-Pommes: mit Bacon und Käse überbacken .... +8
Gegrilltes Gemüse .... +6
Coleslaw .... +5
Daily Salad-Special .... +5

Un salarié suisse gagnant en moyenne 5000€ par mois selon différentes sources contre 2200€ net pour un français (sources INSEE, 2015), ces observations sur les prix auraient du sens. Ainsi, même si les Suisses gagnent deux fois plus que les Français, ils dépenseraient deux fois plus au quotidien et leur pouvoir d'achat serait le même.

Cette théorie a bien sûr une certaine pertinence, mais comme toute théorie, sa portée s'avère limitée. En reprenant l'exemple de la Suisse, sur les biens de luxe comme les montres d'horlogerie, l'ajustement ne se fait pas sur les pouvoirs d'achat nationaux, car c'est une clientèle internationale qui sera concernée. Idem sur l'hôtellerie par exemple.

On peut donc penser que la théorie de la parité des pouvoirs d'achat concerne surtout les biens de consommation courante.

20

LE CHÔMAGE

Comment écrire un livre de démocratisation extrême de l'économie sans parler du chômage ? Déjà, savez-vous ce qu'est exactement le chômage ? Car il faut être précis dans les définitions !

Un **chômeur** est une personne active (oui vous avez bien lu), qui n'a pas actuellement d'emploi et en recherche un activement. Ou du moins, est censé en rechercher activement.

Un chômeur est donc un actif inoccupé et non un inactif. Les **inactifs** sont les retraités, les élèves et étudiants, les femmes au foyer, etc.

Voilà pourquoi, quand on parle de **taux de chômage**, on rapporte le nombre de chômeurs au nombre d'actifs et non pas à la population totale. Il faut savoir qu'environ un français sur trois est inactif. Donc deux sur trois sont actifs.

Et parmi les actifs, certains sont au chômage. Voici le graphique montrant l'évolution de ce taux de chômage :

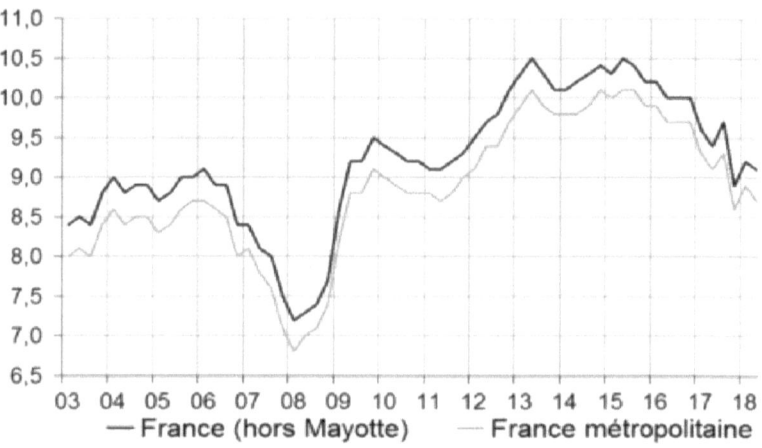

— France (hors Mayotte)   — France métropolitaine

Source : INSEE

On peut dire que sur le nouveau siècle, le taux de chômage s'établit autour de 9% de la population active sur le long terme, avec des pointes autour de 11% quand ça va mal et des creux autour de 7% quand ça va bien.

Les politiques en font un enjeu majeur de leur argumentaire (comme pour le pouvoir d'achat), nous y avons le droit à chaque campagne... Alors que leur influence sur le taux de chômage est finalement faible, car il y a, comme pour la croissance, un côté cyclique. Puis certains économistes –les libéraux- diront que toutes les règles qui existent en France (salaire minimum, charges sociales élevées, réglementation du licenciement, etc.) créent un chômage structurel et incompressible lié au fait que les entreprises n'embauchent pas aussi librement qu'elles le feraient sans ces contraintes

Si on compare avec d'autres pays, la France n'est ni un pays à fort chômage ni un pays à faible chômage. Finalement nous avons un taux de chômage moyen.

Selon Eurostat, en janvier 2017, les taux de chômage étaient les suivants dans les différents pays d'Europe :

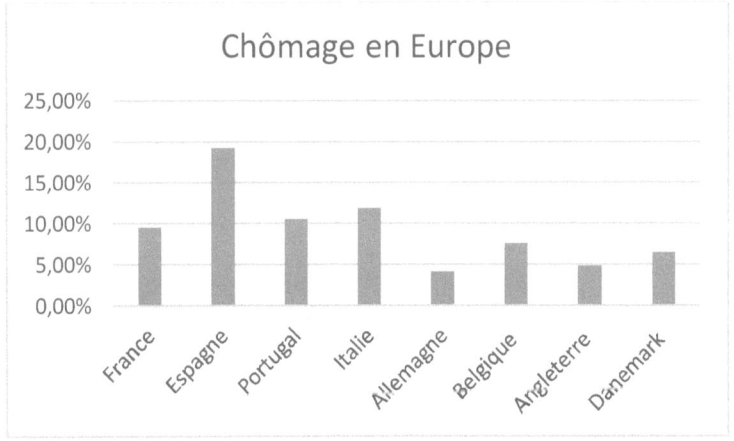

Pour comparaison, aux USA, à la même date, le taux de chômage était de 4.7% et au Canada, de 6.8%.

On pourrait a priori dire, à la vue de ces statistiques, que le taux de chômage est plus faible dans les pays anglo-saxons, car ils ont une culture plus libérale, qu'ils aiment les entreprises, et donc que les entreprises embauchent… Mais en fait, je vais vous le dire avec franchise : on n'en sait rien ! On ne peut pas tout savoir en économie ! Aveu de faiblesse ? Non, limite des sciences humaines. D'ailleurs on note aussi que le taux de chômage est plus faible dans les pays du nord que les pays du sud. On peut aussi penser que la chaleur freine la productivité (voir chapitre 7), et que les entreprises sont de ce fait moins compétitives et ont moins envie d'embaucher ! Ce raisonnement fait moins beau, moins idéologique, plus pragmatique… et la plupart des économistes n'aiment pas le pragmatisme, ils aiment les grandes théories… Donc, ils ne vous le serviront pas !

Il existe de très nombreuses théories pour expliquer ou tenter d'expliquer le chômage. Vous ne pouvez même pas imaginer !

Si l'une d'elles l'expliquait vraiment, ça se saurait, ne croyez-vous pas ? **En fait, chacune explique probablement une partie du phénomène.** Et c'est souvent ainsi en économie.

Par exemple, mentionnons la théorie du **salaire d'efficience**, qui est intéressante et vous permettra d'alimenter des dîners en ville ou de remplir des copies de bac. Selon cette théorie, un employeur peut avoir intérêt à payer de hauts salaires, supérieurs à ceux du marché, afin d'encourager ses employés à être efficaces et à ne pas aller voir ailleurs (car la rotation des employés est coûteuse). Du coup, cela créé du chômage involontaire, car l'entreprise met son budget « embauche » sur, disons 10 salariés qu'elle va choyer plutôt que d'en embaucher 12 pour le même prix. Ce qui en laissera 2 sur le carreau.

Cette théorie est une théorie « centriste » en cela qu'elle est intermédiaire entre les thèses libérales, selon lesquelles tout chômage ne peut être que volontaire ou bien le fruit de réglementations (comme l'existence du SMIC), et les thèses dites keynesiennes (voir chapitre 2) selon lesquelles le chômage est involontaire, car provoqué par une insuffisance de la demande de biens et de services : les entreprises n'embauchent pas, car elles estiment ne pas avoir assez de débouchés pour leurs produits.

Et, bien évidemment, il y a le progrès technique à mentionner comme cause du chômage : voir chapitre 6 et chapitre 27.

21

INÉGALITÉS ET REDISTRIBUTION

L'homme le plus grand du monde mesure actuellement 2m51. L'homme le plus petit du monde mesure 54cm. Leur photo a fait le tour du monde.

Les inégalités sont contingentes à la nature humaine, et même à la vie puisqu'elles existent aussi dans toutes les espèces animales.

Socialement elles s'expriment de différentes manières, y compris, bien sûr par l'argent.

L'homme le plus riche du monde, en 2018, est Jeff Bezos, le patron d'Amazon, avec plus de 150 milliards de dollars. Le plus pauvre... il n'y en a pas un, mais des milliards d'individus. Puisque **près de la moitié de l'humanité vit avec moins de 2 dollars par jour**.

En France, un individu est considéré comme pauvre quand ses revenus mensuels sont inférieurs à 846 euros

(50% du revenu médian). Environ 13% des Français sont concernés. Alors qu'il y a en France 40 milliardaires (un peu plus de 2000 dans le monde) et près de 2 millions de millionnaires. L'ensemble de ces chiffres étant des ordres de grandeur, obtenus en croisant différentes sources.

La fortune des milliardaires et de la plupart des millionnaires est en grande partie une fortune boursière, en ce sens qu'elle tient compte du cours des actions que possèdent ces gens dans leur entreprise. Si le cours de bourse d'Amazon venait à être divisé par 10, la fortune de Jeff Bezos serait aussi divisée par 10... enfin, pas tout à fait, car ces milliardaires ont bien sûr aussi investi dans l'immobilier et dans d'autres placements.

En fait Jeff Bezos **pèse** 150 milliards, car c'est une fortune correspondant à la valeur de ce qu'il possède à l'instant t. Il n'a pas 150 milliards sur un compte en banque. Voilà pourquoi on dit souvent que quelqu'un « pèse x millions », et non pas « possède x millions ».

Une fois posées ces différences, certains lecteurs vont crier au scandale tandis que d'autres vont trouver cela normal.

Faut-il prendre aux plus riches pour donner aux plus pauvres ? Chacun y répondra en son âme et conscience, mais c'est là le sens de la **redistribution**. L'idée est que l'État prélève de l'argent aux plus riches pour le distribuer aux plus pauvres sous forme de différentes aides. Pour schématiser, plus on va vers une idéologie dite de gauche, plus l'idée de redistribuer les richesses est importante. C'est aussi pour cela que dans les pays anglo-saxons (où la culture de gauche n'existe quasiment pas), la redistribution est moindre.

La redistribution ne doit pas être confondue stricto sensu avec l'impôt même si l'impôt inclut de facto une notion de redistribution. Nous payons des impôts pour financer les routes, les écoles, les hôpitaux, l'armée, la police, etc... Et évidemment, ceux qui sont sous le seuil de pauvreté ne les payent pas. Tandis que ceux qui ont les revenus les plus élevés sont censés participer le plus à cet effort collectif. Voilà pourquoi on dit que l'impôt a une fonction « redistributive » des richesses. **Redistributive,** car la société a distribué une première fois les richesses et que l'État passe pour les redistribuer.

En France, l'impôt ne sert pas uniquement à financer les routes, écoles, hôpitaux, et payer les fonctionnaires, mais aussi à financer les moins bien lotis via différentes aides que nous ne citerons pas dans les détails, car tel n'est pas l'objet de cet ouvrage.

À côté de l'impôt, que l'on retrouve à peu près partout, mais quasiment pas ou très faiblement dans les paradis fiscaux de type Principauté d'Andorre, nous avons en

France un système très complexe et unique au monde qui est celui de la **sécurité sociale** (la « Sécu »).

Comme nous l'avons vu au chapitre 17, les comptes de la « Sécu » se sont considérablement améliorés ces dernières années, et ce ne sont pas eux qui plombent le déficit de la France. Il faut savoir que le principe de redistribution de la « Sécu » est un principe plutôt horizontal que vertical. En ce sens que l'argent n'est pas distribué des riches vers les pauvres, mais de ceux qui ne subissent pas les risques sociaux vers ceux qui les subissent. Qu'il s'agisse de risques heureux ou malheureux.

Quels sont ces risques ?

- Être malade : les bien-portants payent pour les malades.

- Être vieux : les actifs payent pour les retraités.

- Être au chômage : ceux qui ont un emploi payent pour ceux qui recherchent un emploi

- Avoir des enfants (risque heureux) : ceux qui n'en ont pas payent pour ceux qui en ont.

Voilà pourquoi la « Sécu » est organisée en 5 branches qui recouvrent ces différentes fonctions :

- la branche maladie, qui recouvre les risques maladie, maternité, invalidité et décès.

- la branche accidents du travail/maladies professionnelles.

- la branche famille.

- la branche retraite.

- la branche cotisations/recouvrement.

Bien sûr, les barèmes sont complexes et progressifs en fonction des revenus, du nombre d'enfants, etc... mais les grands principes sont ceux exposés ci-dessus.

Ce modèle est aujourd'hui confronté à plusieurs défis. Comme celui du vieillissement de la population, et de l'allongement de l'espérance de vie. Qui fait que la charge des retraites devient de plus en plus lourde à supporter par les actifs.

En 2002, c'était hier, il y avait 20 salariés pour 10 retraités. En 2017, seulement 17, et en 2050 il y en aura vraisemblablement 12. Ces chiffres étant réalisés selon différentes projections dont celles, récentes du COR (Conseil d'Orientation des retraites).

A terme, donc, soit le système s'effondrera, soit il faudra encore augmenter l'âge de la retraite, soit il faudra geler les pensions pour les retraités (c'est la voie empruntée actuellement). Autre solution : passer de plus en plus par des systèmes d'assurance privés. Voilà aussi pourquoi les différents gouvernements ont récemment encouragé fiscalement l'acquisition de biens immobiliers dans une optique locative. On a tous en tête la loi Scellier, la loi Pinel, la loi De Robien, etc. Le but est non seulement de permettre à des gens de se loger avec des loyers plafonnés, mais aussi de permettre à des actifs de pouvoir acheter des biens dont ils auront fini de payer le crédit au moment de leur retraite, ce qui leur procurera alors des revenus complémentaires.

L'ÉCONOMIE DES ÉCONOMISTES

Non !

Ne zappez pas cette partie, en disant que vous n'êtes pas économiste ! Si vous zappez cette partie, vous vous ferez encore berner facilement par les discours ambiants ! Quitte à devoir vous concentrer, lisez et réfléchissez à tout ce qui va vous être écrit noir sur blanc ! Cela ira très vite, nous ne rentrerons pas dans les détails.

22

L'ÉCONOMÉTRIE

Si vous entendez parler d'économétrie ou plutôt de modèles économétriques, c'est que vous lisez déjà une presse spécialisée en économie ! Seulement on ne vous dit pas vraiment de quoi il s'agit. On vous impose cette notion comme s'il s'agissait d'une sorte de science infuse, compliquée, pas à votre portée, mais à laquelle on peut se fier !

L'économétrie c'est en quelque sorte un ensemble de maquettes de l'économie, faites non pas en bois mais en modèles mathématiques, donc en équations complexes.

L'équation keynesienne qui a été posée dans la première partie ($Y = C + I + G + X - M$) est une représentation mathématique très simplifiée de la réalité. C'est en quelque sorte un modèle économétrique ultra-simple. Car les modèles économétriques sont extrêmement complexes, avec des centaines d'équations, des dérivées, des systèmes, etc.

L'économétrie est née en 1930 et n'a cessé de se développer et de prendre une place de plus en plus importante au sein de la science économique. Son essor est lié à celui de l'informatique, avec des logiciels de plus en plus sophistiqués.

En économétrie, on teste des hypothèses. Et cela permet aussi d'inspirer les **politiques économiques**. A savoir les actions menées par l'État dans le domaine économique. Par exemple :

- si on augmente les impôts de 1%, quel sera l'effet sur le chômage ?

- si on dépense 1 milliard de moins dans l'entretien des routes, quel sera l'effet sur la croissance ?

Les impôts, le budget pour les routes, le chômage, le nombre d'entreprises, sont quelques-unes des innombrables variables susceptibles de composer un modèle économétrique.

Citons par exemple le **modèle MESANGE** (Modèle Économétrique de Simulation et d'Analyse Générale de l'Économie) qui est un modèle trimestriel de l'économie française développé et utilisé conjointement par l'Insee et la Direction Générale du Trésor. C'est un modèle permettant, entre autres, d'évaluer l'impact de mesures ciblées de politique économique sur le chômage, sur la croissance, etc. Mais aussi de plusieurs autres variables. Ainsi, ce modèle a été utilisé pour évaluer les impacts économiques de court et moyen terme des mesures du Grenelle de l'environnement.

Nos dirigeants font tester des hypothèses par les chercheurs, et ces derniers leur rendent compte des résultats. Mais ce ne sont que les résultats produits par un modèle !

Dans la réalité, les résultats sont parfois différents, car on ne peut pas, à mon sens en tous cas, enfermer les comportements humains dans des équations, sinon l'économie serait une science exacte !

Mais… oui, qu'on se le dise, nous sommes en partie gouvernés par les maths !

23

LES INDICATEURS ÉCONOMIQUES

L'économie se base sur des mesures chiffrées. Il existe des milliers d'indicateurs, et cela à tous les niveaux : locaux, nationaux, internationaux... Les économistes en utilisent donc une foultitude. Mais aux yeux de l'opinion, aux yeux des médias, et aux yeux des marchés financiers, seuls quelques indicateurs comptent et sont à regarder régulièrement.

Ce qui importe ce n'est pas tant de voir la valeur d'un indicateur que son évolution dans le temps. C'est cette dernière qui donne l'idée de la tendance, de la dynamique dans laquelle on se situe.

Il est très important en économie, de comprendre ce qu'est un **taux de croissance**.

Supposez que l'an dernier à la même époque vous gagniez 5000€ par mois. Et que cette année, vous avez été augmenté, vous gagnez 5500€ par mois. Votre salaire a augmenté de 500€. Cela n'est pas intéressant. Ce qui est intéressant c'est que ces 500€ représentent 10% de votre salaire de l'an dernier. Celui-ci a donc augmenté de 10%. Son taux de croissance est de 10%.

Pour calculer un taux de croissance, on prend la différence entre la valeur de départ et la valeur d'arrivée, et on la divise par la valeur de départ. Pour mettre tout cela en pourcentage, on multiplie par 100 le résultat obtenu. Concernant le salaire dont il était question cela fait : (5500 − 5000)/5000 = 0.1. Soit 10% (car 10% c'est 10/100 donc 0.1).

Un taux de croissance peut être négatif. Pour être sémantiquement précis, c'est alors un taux de décroissance. Si à la suite d'une promotion, le prix d'une paire de chaussures à 90€ baisse de 20%, cela signifie qu'on retire 20% de 90€ (donc 18€) aux 90€ de départ. Le prix final sera de 72€.

En bourse, on calcule à chaque seconde, chaque minute, chaque heure, chaque jour, chaque mois, chaque année, des taux de croissance ! Si le cours de l'action

Total est de 50.05€ le 1ᵉʳ janvier et de 52.48€ le 1ᵉʳ février, elle a alors augmenté de : (52.48-50.05)/50.05 = 0.048 soit 4.8%.

Ce sont ces taux de croissance qui permettent de faire des courbes d'évolution. Comme cela a été indiqué au chapitre 3, ne dites jamais qu'un PIB est négatif au risque de passer pour un âne ! Dire qu'un PIB est négatif c'est comme dire que vous pesez un poids négatif ! Ce qui peut être négatif en cas de crise, c'est le taux de croissance du PIB. Si le PIB se mettait à baisser entre 2020 et 2021, son taux de croissance serait alors, par définition, négatif !

Justement, en parlant du PIB c'est un des indicateurs très importants de l'économie. C'est même le plus regardé. Voir chapitre 2.

Les autres indicateurs importants sont :

- Le taux de chômage bien sûr (voir chapitre 20)… et son évolution, donc son taux de croissance. Et là, contrairement au PIB, on préfère que ce soit un taux de décroissance.

- L'inflation (voir chapitre 18), qui, contrairement aux autres indicateurs, est en fait déjà un taux de croissance puisque c'est la mesure de la hausse des prix !

- Le taux directeur de la BCE (Banque Centrale Européenne) pour les Européens, de la FED pour les Américains.

- Les grands indices boursiers mondiaux. Comme cela a été vu dans le chapitre 15, la bourse est en quelque sorte le thermomètre des anticipations des investisseurs. Donc le baromètre de leur moral ! Parmi les grands indices boursiers mondiaux qui comptent, citons le **Dow Jones** (grandes actions américaines), le **Nasdaq** (actions américaines technologiques), le Foostie (bourse de Londres), le Dax (bourse allemande), le Nikkei (bourse de Tokyo), et aussi notre **CAC 40** national (indice synthétisant le cours de bourse de 40 entreprises françaises emblématiques de notre économie, comme Total, Sanofi, L'Oreal, Danone, etc.)

 - Les ventes au détail. On parle moins de cet indicateur dans les médias, mais il a une importance car il donne un état des lieux de la consommation, dont nous avons vu l'importance dans les chapitres précédents.

- Le solde de la balance commerciale, qui montre si un pays est majoritairement exportateur ou importateur.

- L'endettement d'un pays, et, vu le contexte de hausse de ces dettes, j'ajouterais désormais le rapport endettement/PIB.

- Le taux de rendement des obligations d'État à 10 ans (car 10 ans est un bon point de comparaison internationale). Voir chapitre 14.

LES DÉFIS ÉCONOMIQUES D'AUJOURD'HUI ET DE DEMAIN

1er janvier 2019 : le 21e siècle devient majeur ! Et à 18 ans, on accélère, on devient adulte, on commence à vivre sa propre vie, loin de celle du 20e siècle qui l'a enfanté... Le 21e siècle a ses propres problématiques économiques sur lesquelles on trouve encore très peu de littérature économique !

24

L'ÉCONOMIE
COLLABORATIVE
(OU « SHARE ECONOMY »)

A l'origine de tout, une innovation, un progrès technique : internet. Peu de gens croyaient en son avenir il y a encore 20 ans ! Je me souviens d'un vieil avocat qui me disait « *internet, c'est n'importe quoi, on passe tout son temps à enlever les virus, dans quelques années ça n'existera plus !* ». Quel grand visionnaire !

Internet a complètement changé la manière d'appréhender l'économie.

Grâce à internet est née l'économie collaborative. Vous en avez probablement entendu parler. Et la vivez au quotidien : Uber, AirBnB, Blablacar, etc.

L'économie collaborative (ou « **share economy** » en anglais) dite encore économie participative, n'est pas si facile à définir. Grâce aux exemples que je viens de donner, vous percevez de quoi il s'agit. Wikipedia en fait partie puisque c'est une encyclopédie collaborative ! Ce n'est pas politiquement correct de citer une définition de Wikipedia dans un livre d'économie qui se veut sérieux… Mais avez-vous l'impression de lire du politiquement correct depuis la première page ? Alors… Selon la définition de Wikipedia, « *l'économie collaborative est une activité humaine de pair à pair, qui vise à produire de la valeur en commun et qui repose sur de nouvelles formes d'organisation du travail et d'échanges. Elle repose sur une société du partage, qui passe par la mutualisation des biens, des espaces et des outils, des savoirs (l'usage plutôt que la possession), l'organisation des citoyens en "réseau" ou en communautés et généralement l'intermédiation par des plateformes internet* »

L'économie collaborative redistribue les compétences de chacun dans l'économie. Dans la vision néo-classique, chacun se spécialise là où il a un avantage comparatif sur les autres, et cela est aussi valable pour les pays (théorie de David Ricardo)… Tout cela vole en éclats avec l'économie collaborative !

Aujourd'hui, tout le monde peut être hôtelier, grâce à des sites comme AirBnB ou Abritel.

Aujourd'hui, tout le monde peut être producteur d'émission de télévision avec YouTube (même si les You tubeurs qui arrivent à en vivre sont rares).

Aujourd'hui tout le monde peut être chauffeur avec Uber, Taxify ou d'autres. Uber a tant marqué les esprits (des chauffeurs de taxi surtout !) qu'on parle d'**ubérisation de l'économie**. Avec des sites comme Blablacar, le concept est encore plus démocratisé, mais les revenus ne sont pas censés être des revenus professionnels contrairement à Uber. Cela en devient un véritable casse-tête pour l'État qui doit taxer les revenus, obliger à les déclarer, et définir en permanence ce qui est professionnel et ce qui ne l'est pas.

Aujourd'hui tout le monde peut être auteur et même éditeur en même temps avec l'auto-édition. Grâce à Amazon, mais aussi grâce à de nombreuses plateformes internet qui fleurissent ici et là. Les éditeurs en souffrent terriblement.

L'économie collaborative fait souffrir un certain nombre de branches de l'économie, détruit des emplois, et c'est d'ailleurs souvent des branches qui étaient épargnées, voire même préservées par une forme de corporatisme : chauffeurs de taxi, éditeurs, hôteliers, pour ne citer que des métiers concernés par les exemples qui viennent d'être cités.

On parle beaucoup de Uber ou de AirBnB, mais aujourd'hui l'économie collaborative reste un poids plume dans le PIB mondial. Même si elle fait peur à beaucoup de monde. Car c'est un poids plume qui grossit ! Le chiffre d'affaires global des entreprises de ce secteur atteignait environ 20 milliards d'euros en 2013 ; selon les estimations du Ministère de l'Économie et du cabinet d'audit PwC, il se situerait dans une fourchette comprise entre 302 à 570 milliards d'euros en 2025 ! C'est-à-dire demain. Selon cette même étude, on notera que 85 % de la valeur produite est captée par les particuliers qui fournissent leurs services, et seulement 15% reviennent aux entreprises.

Il est encore trop tôt pour avoir du recul sur ce sujet, mais on peut être tentés de penser que le bien-être des particuliers soit augmenté. L'ampleur de leur choix aussi. Car on se rapproche d'un marché de concurrence pure et parfaite. Vous cherchez à louer une maison pour vos vacances ? Vous avez un choix pléthorique, avec une information transparente, que chacun peut voir en même temps… Vous voulez voir une émission sur You-Tube ? Le choix est infiniment plus varié que sur votre poste de télévision… D'ailleurs YouTube est aussi visible sur votre poste !

D'année en année, l'économie collaborative, qui a vraiment émergé après la crise de 2008 (les particuliers cherchant d'autres sources de revenus d'une part, et à payer moins cher d'autre part), prend de la place, même si sa place réelle est moindre que la place qu'elle occupe dans les médias.

25

L'ÉCONOMIE SOUTERRAINE

L'économie souterraine existe de tout temps à jamais. Dissimuler des choses ou accomplir des activités que la société a décrété illégales fait partie de la nature humaine.

Seulement, avec internet, et avec l'émergence de l'économie collaborative, l'économie souterraine prend du poids et sera un enjeu économique pour les années et décennies à venir.

Par économie souterraine on entend deux types d'activités bien différentes :

- Les activités légales, mais non déclarées. Soyez franc, qui d'entre vous n'a jamais fait du baby-sitting non déclaré, ou payé une baby-sitter non déclarée pour une soirée ? On trouve pêle-mêle dans cette catégorie : les heures de ménages, les cours particuliers, les petits travaux de bricolage et jardinage, etc. Mais tous non déclarés bien entendu. C'est aussi ce qu'on nomme couramment le « travail au noir ».

- Les activités illégales, et donc forcément non déclarées ! Citons la prostitution, le trafic de drogue, le trafic d'armes, le trafic d'organes, le crime organisé, les tueurs à gages, etc.

L'ensemble de l'économie souterraine n'est pas incluse dans le PIB, c'est-à-dire dans le chiffre officiel de la richesse nationale produite. Ce dernier est donc sous-estimé. Et évidemment, cette richesse produite illégalement et/ou immoralement, échappe à l'impôt, c'est aussi la raison pour laquelle la tendance est à vouloir limiter les espèces en circulation. Ainsi, en France, lors d'une transaction avec un professionnel (commerçant, artisan, etc.), le plafond du paiement en espèces est fixé à 1 000 euros. Mais, deux exceptions notables :

- Les particuliers entre eux ne sont pas soumis à ce plafond.

- Un particulier qui n'a ni chéquier ni compte en banque n'est pas non plus soumis à cette obligation. Après tout, personne ne peut vous obliger à avoir un compte à la banque ! C'est la norme sociale, mais ce n'est pas une norme juridique, et heureusement !

Malgré ces interdictions, les espèces représentent les deux tiers des transactions réglées en magasin, en France. Et plus encore dans les autres pays d'Europe.

La France, avec son État très présent dans la vie de tous les jours, et limitant fortement les paiements en espèces, parvient à limiter plus que ses voisins la part de l'économie souterraine qui se développe en marge de son PIB.

Les chiffres sur ces sujets sont rares. Ce sont des sujets tabous. La dernière comparaison internationale connue date de 2012, et a été mise en avant par le journal « Les Échos » (utilisant pour source : Dr Friedrich Schneider, Université Johannes Kepler de Linz, Autriche), cette source, rajoutée avec d'autres chiffres, donne le tableau suivant :

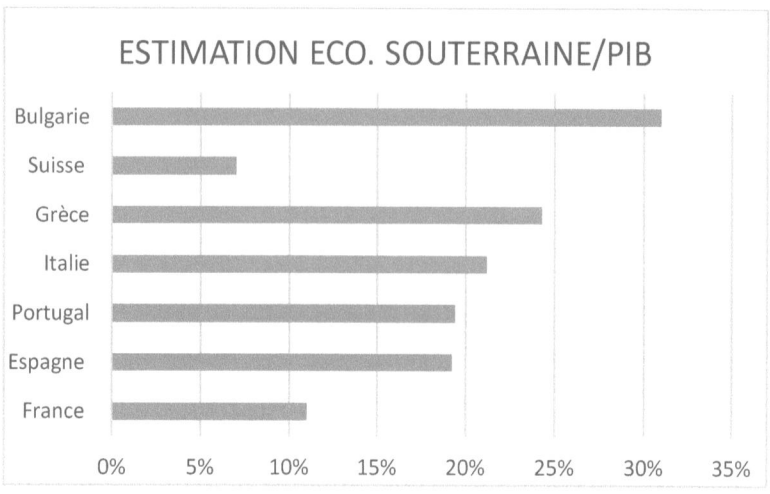

Avec 11% d'économie souterraine estimée (soit plus de 200 milliards d'euros), la France se situe en bas de la fourchette de la comparaison réalisée.

Seulement on peut présumer qu'à contrôles étatiques constants, la part de l'économie souterraine aurait tendance, dans les années à venir, à augmenter, pour les raisons suivantes :

- Le développement d'internet est corrélatif à celui du « **dark web** ». Vous en avez sûrement entendu parler : ce que nous voyons sur internet n'est que la partie émergée de l'iceberg. Il est estimé que 80% des connexions à travers le monde se font sur le « dark web », l'internet obscur... On y accède sous Linux, avec des moteurs de recherche comme Tor (qui d'ailleurs se démocratisent), les connexions sont cryptées, les IP changent tout le temps... Et on y trouve des sites d'armes diverses et variées, de prostitution, des annonces de tueurs à gages, des œuvres artistiques en libre consultation, des lanceurs d'alertes, etc.

- L'économie collaborative a une tendance à développer l'économie souterraine. Beaucoup de loueurs d'appartements sont tentés de ne pas déclarer leurs revenus, et d'ailleurs cela a longtemps été le cas avant que la réglementation ne change et que l'Etat ne se mette à contrôler scrupuleusement ce qui se passe sur les sites de location de nuitées de biens immobiliers. Autre phénomène : un certain nombre de sites internet dits d' « escort-girls » se sont récemment développés, et pas sur le dark web, mais sur le web le plus officiel. Cela en réponse à la loi votée sous le président Hollande qui pénalise les clients à la prostitution; mais aussi, car, outre les réseaux de crime organisé présents sur ces sites, il y a de nombreuses indépendantes (ou indépendants, car les hommes aussi les investissent) qui choisissent leur clientèle et arrondissent leurs fins de mois, en plus de mener une vie active tout à fait dans les normes. Il y a aussi des « escorts » qui visitent la France ou même le monde en monnayant leurs charmes ici et là. Selon l'étude Prostcost, menée par le Mouvement du Nid et la société d'experts Psytel et rendue publique en 2015, la prostitution au sens large représenterait plus de 3 milliards d'euros de chiffre d'affaires en France, soit 0.15% du PIB. Plus de 60% se ferait sur internet, soit donc près de 0.1% du PIB qui serait généré par ces sites. Un certain nombre d'articles de presse ont été publiés sur ces sujets, mais peu d'études économiques sérieuses sur un sujet qui demeure si tabou. Toujours est-il que l'on assiste à une marchandisation du sexe sur internet, qui peut concerner les personnes les plus anodines de la vie courante ; on peut même parler d' « ubérisation » du sexe (puisque le terme « ubérisation » finit par désigner tout ce qui concerne l'économie collaborative). Preuve aussi que l'économie souterraine est de plus en plus liée à l'économie collaborative.

Face à cette tendance de développement naturel de l'économie souterraine, ne vous étonnez pas si l'État, quel que soit le pouvoir, venait à intervenir davantage dans la vie économique. Un état fort permet certes, de limiter la casse, mais les économistes libéraux argueront que dans des pays où les lois sur la drogue et la prostitution sont plus souples qu'en France (on peut penser à la Suisse ou aux Pays-Bas, où ces activités sont légales, mais encadrées par l'État), le résultat parle de lui-même avec une intégration de ces activités au PIB, un PIB plus élevé, plus d'impôts entrant dans les caisses de l'État, et au final moins d'économie souterraine.

Cependant même s'il existe des pays, proches de chez nous, où les drogues dites douces (comme le cannabis), et la prostitution sont licites, mais encadrées, il n'existe aucun pays où les drogues dures, le meurtre commandé, la prostitution d'enfants, les combats à mort de chiens ou même d'hommes sont légaux ! Et il n'existe quasiment pas d'économistes, qui prétendent que tout devrait être autorisé ! Quelques « **libertariens** » (sorte d'ultralibéraux économiquement et ultra-libertaires socialement) vont cependant jusqu'à penser que l'intérêt général n'existe pas et qu'au nom de la liberté individuelle, tout doit être permis ! Vraiment tout, à part l'agression d'autrui, et au diable la morale !

26

LES CRYPTO-MONNAIES

On reste dans la même sphère qu'avec l'économie collaborative et l'économie souterraine ! C'est d'ailleurs sur le dark web que se sont initialement développées les crypto-monnaies, comme le **Bitcoin**, qui fut la première, dans le but de pouvoir réaliser sans se faire repérer des transactions grâce une monnaie non officielle, une monnaie totalement cryptée et virtuelle. Et l'existence de crypto-monnaies a renforcé l'économie souterraine puisque l'État n'a longtemps eu aucun contrôle possible sur les transactions réalisées en bitcoins.

Je ne vous parlerai pas ici des processus de fabrication des crypto-monnaies, avec le minage, la blockchain et tout le reste. Cela ne pourrait guère relever d'un livre d'économie qui se veut généraliste !

Il faut juste savoir que les crypto-monnaies sont de plus en plus nombreuses, même si la folie de l'année 2017 s'est calmée avec l'effondrement de la valeur du Bitcoin, crypto-monnaie la plus emblématique. Mais d'ailleurs... valeur par rapport à quoi ? En effet, à ce jour, il n'existe aucun pays du monde où les crypto-monnaies ont un cours légal. Le cours du Bitcoin par rapport à l'Euro n'a donc rien de légal ni d'officiel, c'est un cours de marché, qui s'est établi en fonction de la loi de l'offre et la demande de Bitcoins. Un cours qui a été très médiatisé, et qui se résume par le graphique suivant :

Source : Google

En 2010, 1 Bitcoin valait 0.039€.

Fin 2017, 1 Bitcoin valait plus de 16.000€.

La valeur du Bitcoin a été multipliée par plus de 400.000 en 7 ans ! Vous avez bien lu ! Quelqu'un ayant acheté pour 100 euros de bitcoins en 2010 se serait retrouvé avec une valeur en bitcoins de plus de 40 millions d'euros ! Jamais de l'histoire, en bourse, aucune action n'a réalisé de hausse dans de telles proportions et dans un aussi court laps de temps.

Évidemment, depuis cette folie de la fin d'année 2017, le cours du Bitcoin a nettement baissé. Mais ne s'est pas effondré. Il reste autour de 5000€ actuellement. Ce qui signifie que notre richissime individu qui aurait acheté pour 100€ de Bitcoin en 2010, mais ne les aurait pas vendus en 2017, n'en serait plus à 40 millions sur son compte, mais à 13 ou 14 millions… seulement ! Pas mal quand même, n'est-ce pas !

Il existe des gens qui, à partir de rien, ont fait fortune avec la Bitcoin. Mais ils sont rares, car il fallait être vraiment informé en 2010 !

Le tableau n'est pas si idyllique par ailleurs, car un Bitcoin n'est pas une action cotée en bourse ; ça ne s'achète pas ni ne se vend avec une telle liquidité ! D'ailleurs la capitalisation mondiale du Bitcoin est faible : elle n'est que de 100 milliards d'euros! C'est 10 fois moins qu'Amazon ! Et c'est moins que Total ou LVMH.

Quant aux autres crypto-monnaies, il y en a pléthore, mais elles sont très peu capitalisées. Il existe plus de 1000 crypto-monnaies mais la capitalisation globale de toutes cumulées est de l'ordre de 300 milliards d'euros.

Aujourd'hui les crypto-monnaies ne font plus rêver comme elles l'ont fait. Aujourd'hui, on pense à l'avenir, et au fait que de nouvelles générations de crypto-monnaies apparaissent ou vont apparaître, dans la plus grande légalité et transparence :

- En 2018, les Îles Marshall sont devenues le premier pays au monde à lancer une crypto-monnaie légale.
- D'autres ont parlé de leur emboîter le pas, comme la Turquie, l'Iran ou même l'Angleterre !
- Tandis que la banque centrale vénézuélienne a dévalué sa monnaie, le Bolivar, ce pays envisage de créer une crypto-monnaie basée sur le pétrole, le Pétro, afin de contrer les sanctions américaines.

L'enjeu est désormais autre que celui du dark web ! L'enjeu est que des pays aient une crypto-monnaie indexée sur tel ou tel élément, comme le pétrole, afin de pouvoir contrer les fluctuations de leur monnaie nationale en cas de crise. L'exemple du Venezuela est assez frappant.

A l'avenir, on peut supposer que les grandes entreprises aient aussi leur propre crypto-monnaie. D'ailleurs Amazon l'a sérieusement envisagé. Et, à une moindre échelle, le PSG l'a réalisé ! Le PSG a aujourd'hui créé sa propre crypto-monnaie, qui sera lancée en 2019, pour que ses supporters puissent participer à la vie du club et peut-être ensuite acheter des billets, des produits dérivés, etc.

C'est un enjeu majeur du 21e siècle que celui de ces monnaies privées, pour la plupart, à une époque où, comme nous l'avons vu, l'Etat s'immisce de plus en plus dans l'économie. Après tout, les monnaies privées ne constituent-elles pas une évolution naturelle du capitalisme ?

27

LE REVENU UNIVERSEL

Pendant la campagne présidentielle française de 2017, tout le monde a été sensibilisé au revenu universel avec le discours du candidat socialiste, qui n'a d'ailleurs absolument pas convaincu. Il a eu le mérite en tous cas, de poser cette problématique sur la table.

Un **revenu universel**, comme son nom l'indique, serait un revenu versé à tout le monde, sans condition d'activité ou pas. Le but serait déjà de doper la consommation, donc la croissance, de générer des impôts, car ce revenu viendrait pour la plupart des gens, en sus de leurs revenus du travail... Mais le but serait aussi que chaque individu qui se retrouve dans une situation transitoirement difficile puisse avoir immédiatement, et sans perdre du temps dans de multiples démarches, un revenu à sa disposition.

La mise en place d'un tel revenu est extrêmement complexe à réaliser. Et périlleuse. Bien sûr, le coût que devrait en supporter l'État serait supérieur à ses bénéfices (croissance générée et hausse des rentrées d'impôts dans les caisses).

Mais sur le très long terme, la problématique est posée dans de nombreux pays en raison des bouleversements technologiques et par ricochet, économiques ! D'ailleurs en France la région Gironde souhaite l'expérimenter sur une cohorte de 20.000 personnes : un revenu allant de 431 à 765€ par mois, mais qui toucherait tout le monde, même les plus aisés.

Revenons aux raisons profondes pour lesquelles la problématique du revenu universel sera de plus en plus présente dans les débats.

Selon la très célèbre théorie de **Joseph Schumpeter** (1883-1950), les innovations arrivaient par "grappes" tous les 25 ans environ, et se propagent d'un secteur à l'autre. Innovations à l'origine de "destruction créatrice" puisque détruisant certains emplois pour en créer d'autres.

La progression de l'intelligence artificielle nous a fait entrer, me semble-t-il, depuis quelques années, dans un monde où l'innovation devient permanente. Finies les grappes d'innovations de Schumpeter et place à un continuum d'innovations en perpétuelle progression. Et en accélération.

Réalité virtuelle, objets connectés, robotique, voitures autonomes, biotechnologies, nanotechnologies... Il n'y a plus une vague d'innovations, mais une innovation permanente. C'est un nouveau paradigme économique qui est né ces dernières années, avec à la base, bien sûr l'internet. Du coup, ce sont des pans entiers de métiers qui disparaissent ou vont disparaître. Comme nous l'avons vu avec l'économie collaborative. Mais la disparition programmée va peut-être au-delà. En effet, lorsque les voitures seront totalement autonomes, combien restera-t-il de chauffeurs? Certes il y aura toujours de nouvelles formes d'emplois qui seront créés, mais seront-ils suffisants pour compenser la perte d'emplois peu qualifiés? Pas évident... Dans ces conditions, un chômage de masse perdurera sur le long terme. Le taux de chômage naturel sera de plus en plus élevé. L'historien **Yuval Noah Harari**, considéré désormais comme un des plus éminents et influents penseurs au monde, a parlé de l'émergence prochaine d'une « **useless class** », autrement dit, des gens totalement inefficients, car non qualifiés pour les emplois du monde qui est en train de naître sous nos yeux. Au cinéma, un film comme « Chute libre » (de Joël Schumacher avec Michaël Douglas), qui a pourtant un quart de siècle, avait tiré la sonnette d'alarme, de ces gens « non économiquement viables », qu'on nomme aujourd'hui « useless class ».

Face à cette « useless class », on comprendra que la question du revenu universel aille se poser ! Sans quoi, une révolte généralisée, des guerres civiles ou autres dangers pour les pouvoirs en place seraient à envisager !

On comprendra aussi, sur le plan boursier, que le Nasdaq n'en finisse plus de monter depuis des années. Aujourd'hui l'indice vedette des technologiques américaines n'est plus à appréhender comme un simple indice boursier, mais comme le reflet qui cristallise ce nouveau paradigme attestant la mort de la théorie de Schumpeter.

28

L'EUROPE

Évidemment, quand on écrit un livre d'économie pour le grand public en général, et pour les jeunes en particulier, qu'on le destine prioritairement au marché français, on ne peut pas esquiver la question de l'Europe !

Mais l'Europe, c'est une question si large qu'il y a des forêts entières de livres de 400 pages et plus qui lui sont consacrées !

Faire un chapitre de quelques pages sur l'Europe, en clôture de cet ouvrage, était donc un défi redoutable !

Commençons par le commencement... A l'origine l'Europe, c'est quoi ? C'est un continent bien sûr. Un des cinq continents de la planète Terre. Eh oui, la Suisse en fait partie ! Mais elle ne fait pas partie de l'Europe économique dont nous parlons ici. En fait, derrière le mot Europe aujourd'hui, on a tendance à placer la construction économique et politique européenne que certains adorent et que d'autres détestent.

A la base, l'idée était que la France et l'Allemagne ne se fassent plus la guerre et que les deux pays coopèrent économiquement plutôt que de se faire 3 guerres en moins d'un siècle. Puis l'idée a été de favoriser quelques échanges commerciaux et culturels entre quelques pays. Il y a eu des politiques économiques communes, tout d'abord dans le domaine agricole puis dans d'autres domaines. Pour mettre en place ces politiques s'est d'abord créé un parlement européen (1979) qui n'avait aucun pouvoir et ce n'est qu'avec les **traités de Maastricht** adoptés par la France en 1992 que les choses sérieuses ont commencé : l'idée d'une monnaie unique et la création de la BCE avec une politique monétaire commune qui du coup fait perdre la souveraineté monétaire de chacun des états. À partir de cet immense tournant, on n'était plus dans les échanges entre potes, mais dans une sorte de mariage à plusieurs, pour le meilleur et pour le pire.

On distingue 5 degrés dans l'intégration européenne, chacun des degrés incluant les degrés précédents :

- La zone de libre-échange consiste en la suppression des barrières douanière entre les pays

- L'union douanière consiste à instaurer des barrières douanières communes vis-à-vis des pays qui sont en dehors de la zone concernée.

- Le marché commun consiste en la libre circulation des facteurs de production (travail et capital).

- L'union économique consiste à appliquer certaines politiques communes comme la politique agricole.

- L'union économique et monétaire consiste en la mise en place d'une monnaie commune et d'une banque centrale commune comme d'une politique monétaire commune.

Au fur et à mesure du temps, en une cinquantaine d'années, on est allé vers un degré d'intégration de plus en plus important. Il existerait des degrés d'intégration encore plus élevés qui ne sont toujours pas franchis ni même à ce jour vraiment envisagés. Par exemple l'union budgétaire et fiscale, qui consisterait à adopter les mêmes taux de fiscalité et de TVA afin que les États ne se fassent pas concurrence entre eux comme c'est les cas aujourd'hui.

Aujourd'hui, on a une juxtaposition des degrés d'intégration, car tous les pays ne sont pas dans le cinquième cercle. Certains se sont arrêtés au 3e ou au 4e comme le Royaume-Uni qui a refusé l'euro et qui va d'ailleurs complètement sortir de l'euro (referendum de juin 2016 dit **BREXIT**). Les nouveaux pays qui sont rentrés dans l'Euro gravissent progressivement les cercles.

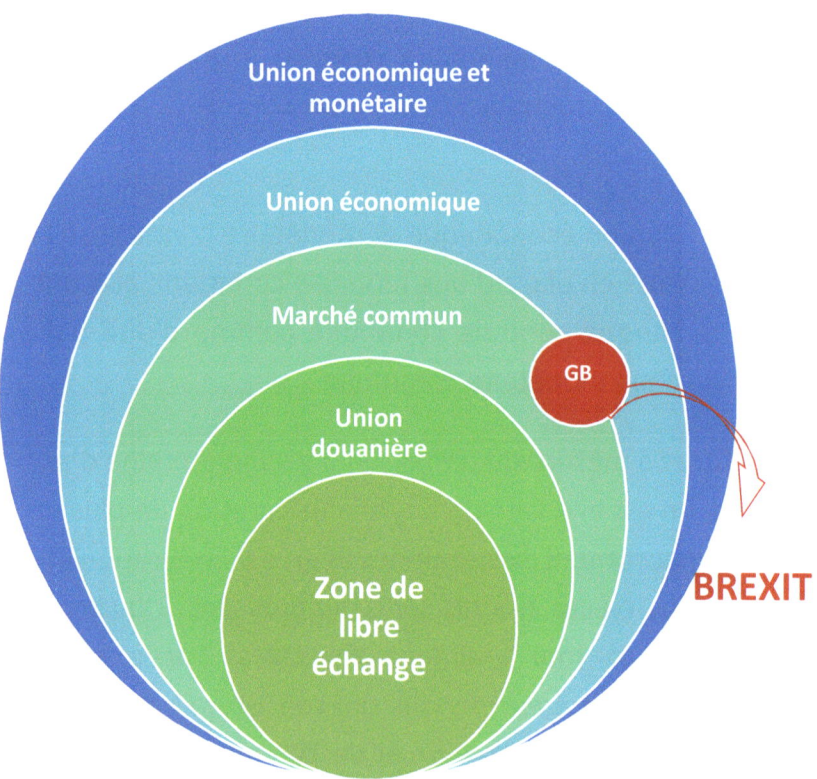

L'intégration européenne est très critiquée par les partis de gauche, car elle est avant tout une intégration par le marché et repose donc sur une analyse traditionnelle du gain a l'échange (théorie de Smith et Ricardo). Elle repose aussi sur l'analyse des dotations factorielles (**Théorie dite HOS**), selon laquelle chaque pays peut se spécialiser dans les domaines où il est le plus avantagé puisqu'il pourra échanger avec les autres, d'autant plus que l'union douanière facilitera les échanges et que l'union monétaire permettra d'éviter les désagréments dus aux taux de change.

Rappelons que la spécialisation permet selon les économistes néoclassiques des gains de productivité importants. La création de la **Zone Euro** devrait donc permettre à chaque pays de réaliser des gains de productivité amenant un supplément de croissance. Évidemment ces théories sont d'inspiration libérale et sont critiquées par tous ceux qui combattent le libéralisme.

Concrètement, il est difficile de dire quelles sont les retombées de la spécialisation des pays. Certains pays comme la Grèce ne sont spécialisés nulle part et n'offrent pas de domaine où une spécialisation serait profitable aux autres.

La France, par exemple, voit son économie spécialisée dans l'agroalimentaire, le luxe, le tourisme, l'aéronautique et la défense.

L'Allemagne se voit spécialisée sur l'industrie manufacturière. Le Luxembourg sur les services financiers.

Le problème qui se pose est que certains pays ont trop voulu se spécialiser dans des domaines qui n'étaient pas ceux où ils étaient doués de par leur histoire, leur culture... ce qui a contribué à la crise de ces pays et de la zone euro. Par exemple l'Espagne et l'Italie ont largement délaissé l'outil industriel ce qui leur a porté préjudice. On observe par ailleurs dans la Zone Euro, un clivage entre les pays du Nord et le pays du Sud. Globalement le taux de chômage est plus important dans les pays du Sud. En Grèce le taux de chômage frôle les 30% tandis que des pays comme l'Autriche, l'Allemagne ou le Luxembourg le taux de chômage est inférieur à 6 ou 7%. La France, de par sa situation géographique et sa culture apparaît comme un pays intermédiaire entre les pays du Nord et les pays du Sud.

Par ailleurs, l'Europe est confrontée au phénomène global de mondialisation et donc soumisse à rude épreuve. La concurrence de la Chine pour les produits manufacturés touche l'Allemagne et donc la Zone Euro dans son ensemble puisqu'il y a une intégration économique. Quand un pays est touché par la concurrence d'un émergent, c'est forcément la Zone Euro qui est touchée, car les différents pays sont imbriqués économiquement l'un dans l'autre. Quand je vous disais que c'était un mariage !

Il y a des domaines manufacturiers ou l'Europe a quasiment disparu à cause de la concurrence asiatique. Il y a 15 ans, des marques comme Nokia, Erickson ou Alcatel avaient des parts de marché importantes dans la téléphonie mobile. Aujourd'hui tout tourne autour des marques Apple, Samsung, LG, et des Chinois (Huawei, Motorola racheté par Le Novo, etc.).

La Zone Euro est aussi une sphère financière dont l'intégration se fait à plusieurs niveaux : par les marchés financiers, par les IDE (investissements directs à l'étranger), et par le financement des états membres. Pour rappel un IDE c'est quand une entreprise décide d'acheter au moins 10% d'une autre entreprise.

Les IDE se pratiquent plus facilement d'un pays à l'autre de la zone euro, depuis qu'il y a la monnaie unique, car cela facilite l'investissement. Par exemple en France 38% des IDE proviennent de la zone euro en 2011 contre 31% 10 ans plus tôt. L'augmentation n'est pas énorme, mais ce sont surtout des pays comme la Grèce qui en profitent. En effet, 72% des IDE entrants en Grèce proviennent de la zone euro. La part de la zone euro dans les IDE est plus importante pour les pays du Sud de l'Europe que pour ceux du Nord. En effet, ces derniers qui ont une vocation plus manufacturière et financière ont davantage attiré les capitaux du reste du monde, il est évident qu'un pays comme l'Allemagne intéressera plus les Chinois et les Américains qu'un pays comme la Grèce qui intéressera plus les pays européens.

L'intégration financière n'a pas suffi à éviter une crise majeure en Europe, en 2011, provoquée en grande partie par la dette de la Grèce. En fait, c'est au niveau du financement des états membres que se concentrent les principaux problèmes qui ne sont pas résolus.

Aussi est-il bon de rappeler que dans la Zone Euro il y a une politique monétaire commune, mais pas de politique budgétaire commune. Chaque pays est libre d'organiser ses recettes et ses dépenses comme il l'entend tout en respectant la limite de 3 % du PIB de déficit public. Enfin... chacun à son rythme ! Car les sanctions ne sont qu'hypothétiques ! Exclure un pays de la Zone Euro serait plus pénalisant pour la Zone que pour le pays exclu ! Ainsi, dans la réalité, de nombreux pays ont dépassé ce seuil de 3%.

Le déficit public de la Grèce est ainsi entré dans la norme des 3%, mais il est monté jusqu'à 7.5% ! En Espagne aussi il est désormais dans la norme, mais il a atteint plus de 10% du PIB espagnol en 2012 !

Finalement la France reste un mauvais élève avec ses structures sociales coûteuses, comme nous l'avons envisagé au chapitre 15.

Qui dit accumulation de déficits dit dette publique ! Et là encore, l'endettement des pays de la Zone Euro est très hétérogène, allant de 9% pour l'Estonie à plus de 170% pour la Grèce ! Et désormais, comme vous le savez, 100% pour la France.

Pourtant, selon le **pacte de stabilité et de croissance**, la limité du déficit est de 3% du PIB, mais le seuil d'endettement maximum est de 60 % du PIB ! Le pacte est mal en point, car pour la seule zone euro, la dette s'élève à 9 686 milliards d'euros, soit 86,7 % du PIB total des 19 pays membres. Cela en 2017. Et la moitié des états ont une dette qui dépasse la moitié de leur PIB.

Cela met en évidence le gros problème de la construction économique de la Zone Euro à savoir qu'il y a une politique monétaire commune, mais pas de politique budgétaire commune.

En adhérent à la Zone Euro, les états membres perdent leur souveraineté monétaire, mais gardent leur souveraineté budgétaire : chaque État peut régler sa pression fiscale, sa TVA, son endettement public, etc... Cela crée d'ailleurs de la concurrence entre les États sur le plan fiscal et c'est ainsi que ces dernières années beaucoup de « riches » se sont exilés vers des pays comme la Belgique où la pression fiscale sur les grandes fortunes est moindre. La suppression partielle de l'ISF n'est-elle pas un appel du pied du Président Macron au retour de ces grandes fortunes ?

Voilà donc une construction européenne qui demeure fragile, surtout avec la montée des populismes... Et le risque d'explosion qui engendrerait une véritable déflagration économique dont aucun économiste n'est capable d'anticiper les conséquences.

A lire pour aller plus loin sur ce sujet :

« L'Europe de la dernière chance... », de Jean-Louis Clergerie, JDH Editions, novembre 2018.

ANNEXE 1

« Chiffres choc » à retenir

Tout au long de l'ouvrage, un certain nombre de chiffres vous ont été indiqués. Souvent des « chiffres choc », qui donnent le vertige ou démentent des idées reçues !

En voici une synthèse, pour fixer les ordres de grandeur. Cela vous servira pour les dîners en ville, pour situer les ordres de grandeur, ou pour que les élèves, étudiants et candidats aux concours administratifs impressionnent leurs correcteurs !

10 **milliards d'habitants** au moins en vue en

2050

L'humanité consomme chaque année environ

1,7 planète

PIB de la France : environ **2300** **milliards d'euros**

PIB par habitant de la France : **33 000** euros

Croissance annuelle moyenne du PIB français entre 2007 et 2017 : **+0.7%** (contre +2.5% au niveau mondial)

Le coût du travail est **70%** plus élevé en France qu'en Espagne.

Près de **100 constructeurs automobiles** en France il y a un siècle. **Deux** aujourd'hui.

Les Grecs travaillent en moyenne **42** heures par semaine contre **35.5** pour les Allemands. Soit 18% de plus.

Une heure de travail en Allemagne crée plus de **30€** de valeur contre moins de **12€** en Grèce. Le chiffre est d'environ **25€** en France.

Le temps de travail a baissé d'environ **10%** au niveau mondial entre 1980 et 2010 alors que le PIB par habitant a augmenté d'environ **60%.**

Le carburant coûte **2.5** fois **plus cher** en France qu'aux États-Unis.

Taxe en moyenne prélevée par les pouvoirs publics sur le « Sans Plomb » : **64%**

En France il y a quasiment **trois millions et demi d'entreprises**, dont **95%** comptent moins de **10** salariés.

Plus grande entreprise française par le critère du chiffre d'affaires : Total avec **230 milliards** de chiffre d'affaires (exprimé en dollar)

Plus grande entreprise française par le critère de l'effectif : Carrefour avec **436.000** salariés.

En France, en moyenne, **1 micro-entreprise sur 3** qui demande un crédit **ne l'obtient pas !**

En 2018 les banques se prêtent de l'argent entre elles à des **taux négatifs !**

Environ **5 000 milliards** d'euros (plus de 2 fois le PIB français annuel) qui s'échangent chaque jour sur le FOREX.

En 2018 l'entreprise **Apple** a été la première entreprise de l'histoire à dépasser le seuil des **1 000 milliards** de dollars de valorisation boursière.

En 2018, le montant de la dette française **dépasse** pour la première fois celui du **PIB français**.

La France : plus de **2 300 milliards** d'euros de PIB, mais un **déficit annuel moyen de 3.6%** de ce PIB (soit plus de 80 milliards).

Recettes de l'État français : plus de **300** milliards

Dépenses de l'État français : environ **400** milliards.

Première dépense : l'**Éducation** au sens large, dans les **100** milliards.

Première recette : la **TVA**, dans les **150** milliards.

Coût de tous les élus confondus : environ **2 milliards.**

Gouffre de la « Sécu » : **4 milliards** seulement !

Hausse des prix en France depuis l'an 2000 : **+26%.** Mais **+50%** pour la baguette de pain et quasiment **+100%** pour les timbres.

Salaire moyen en France : environ **2 200€** net mensuels.

Salaire moyen en Suisse : environ **5 000 €** mensuels.

Fortune de **l'homme le plus riche** du monde en 2018 (Jeff Bezos) : environ **150 milliards** de dollars.

40% de la population mondiale **vit avec moins de 2 dollars** par jour.

Il y a, en 2018, 40 milliardaires **en France** et environ **2 millions de millionnaires**.

1.2 **actif par retraité** en France à l'horizon 2050.

L'économie souterraine représente plus de **30%** du PIB en Bulgarie, mais dans les **6%** seulement en **Suisse. Et** 11% en France.

La prostitution génère plus de 3 milliards d'euros en France.

Entre 2010 et 2017, la valeur du **Bitcoin** a été multipliée par **400 000** !

La **dette totale** de la Zone Euro approche les **10 000 milliards.**

ANNEXE 2

Les points de Pourcentages

Nous avons découvert l'importance des pourcentages en économie, particulièrement pour mesurer des variations.

Par commodité de langage, on parle de points de pourcentage pour désigner des variations de pourcentages. Dès lors que le pourcentage est utilisé comme unité, toute variation de ce dernier s'exprime en points de pourcentage.

Des exemples permettront mieux de comprendre que des développements théoriques.

Si la croissance est de 1% en 2020 et de 3% en 2021, elle n'a pas augmenté de 2% mais de 2 points de pourcentage, puisque le pourcentage est ici une unité de mesure à part entière.

Si la part des femmes dans la population passe de 51% à 52%, elle augmente non pas de 1% mais de 1 point de pourcentage.

Si on va vers des subdivisions plus fines, on parle de points de base. Un point de base correspond à 0.01%.

Si la croissance est cette fois de 1% en 2020 et de 1.18% en 2021, elle augmente de 0.18 point de pourcentage ou encore de 18 points de base.

Si le taux d'intérêt auquel la banque aurait consenti votre crédit était de 2.46% le mois dernier, mais que, manque de chance, il est de 2.55% ce mois-ci, il a augmenté de 9 points de base.

INDEX DES 120 NOTIONS-CLES

A

Acheter une action · 129
Agent économique · 154
Autorité de la concurrence · 92

B

Banque centrale · 118
BCE · 118
Bénéfice d'exploitation · 102
Bénéfice net · 102
Bénéfices · 102
Besoins · 23
Bien libre · 61
Bitcoin · 219
BREXIT · 232
Bulle internet · 131
Bulle spéculative · 131
Business angels · 114

C

CAC 40 · 200
Capitalisation · 130
Capitalisme · 34

Cartel · 97
Chiffre d'affaires · 102
Choc de demande · 51, 52
Choix sous contrainte · 28
Chômeur · 177
Climatosceptiques · 73
Compétitivité · 107
Concurrence monopolistique · 96
Concurrence pure et parfaite · 94
Consommation · 21
Courbe de Kuznets · 73
Crises · 47
Croissance économique · 41
Croissance externe · 103
Croissance interne · 103
Crowdfunding · 114
Cycle du crédit · 54

D

Dark web · 214
Déficit de la Sécu · 158
Déficits · 103
Déflation · 165
Demande · 81
Demande globale · 52
Destruction créatrice · 57
Dettes souveraines · 148
Dow Jones · 200

E

Economie administrée · 26
Economie marchande · 26

Economie souterraine · 211
Economies d'échelle · 83
Elasticité · 86
EURIBOR · 119

F

Facteur capital · 21
Facteur travail · 21
Files d'attente · 26
FMN · 105
FOREX · 126

G

Gains de productivité · 63
Grappes d'innovation · 55

I

IDE · 105
IDH · 43
Inactifs · 177
Inflation · 165
Inflation galopante · 169
IPO · 136

J

Jubilé de la dette · 150

K

Keynesienne · 35, 38, 52
Krach · 131

L

Les cycles des affaires · 50
Levées de fonds · 136
Libertariens · 217
Loi des débouchés · 34
Loi des rendements décroissants · 65
Loi du plus fort · 26
Lois anti-trusts · 97
Love money · 133

M

Macroéconomique · 63
Main invisible · 33
Marché · 81
Marketing · 99
Ménages · 21
Microéconomique · 63
Modèle MESANGE · 194
Monopole · 92

N

Nasdaq · 200
Non price competition · 100

O

OAT · 145
Obligation · 142
Offre · 81
Offre de travail · 82
Oligopole · 96

P

Pacte de stabilité et de croissance · 237
Parité des pouvoirs d'achat · 173
PIB · 41
PIB par habitant · 42
Politiques économiques · 194
Position dominante · 97
Pouvoir d'achat · 171
Productivité · 62
Productivité globale des facteurs · 64
Progrès technique · 57

R

Récession · 47
Redistribution · 185
Ressources · 23
Revenu universel · 225

S

Salaire d'efficience · 180
Sécurité sociale · 187

Share economy · 205
SMIC · 85
Soutenabilité faible · 73
Soutenabilité forte · 74

T

Taux d'intérêt · 116
Taux de change · 123
Taux de chômage · 177
Taux de croissance · 198
Taux directeur · 118
Théorie dite HOS · 233
TPE · 103
Traités de Maastricht · 230
TVA · 159

U

Ubérisation de l'économie · 207
Useless class · 227

V

Vente à découvert · 137

Z

Zone Euro · 233

INDEX DES ÉCONOMISTES

Keynes . 35

Kitchin . 52

Kondratieff . 52

Laffer . 160

Marx . 34

Maslow . 23

Ricardo . 33, 207, 233

Say . 34

Schumpeter . 50, 55, 226

Smith . 33, 233

Solow . 64

INDEX DES PERSONNAGES DU MONDE ÉCONOMIQUE CITES

Bernard Arnault . 104

Jeff Bezos . 28, 184, 244

Serguei Brin . 56

Patrick Drahi . 104

Yuval Noah Harari . 227

Steve Jobs . 135

Elon Musk . 27

Larry Page . 56

Donald Trump . 37, 52, 73

TABLE DES MATIÈRES

Mot de l'auteur 11

L'ECONOMIE : POURQUOI ET COMMENT
Posons les bases 17

1 INTRODUCTION AU CIRCUIT ECONOMIQUE 19

2 LES BESOINS FACE AUX RESSOURCES 23

3 POURQUOI DEUX ÉCONOMISTES NE SONT JAMAIS D'ACCORD ? 31

LA CROISSANCE ET SES ENJEUX 39

4 LA CROISSANCE 41

5 LES CYCLES ET LES CRISES 47

6 LES EFFETS DE L'INNOVATION 55

7 PRODUCTIVITÉ ET TEMPS DE TRAVAIL 61

8 LE DÉVELOPPEMENT DURABLE 71

ENTREPRISES ET MARCHES 79

9 L'OFFRE ET LA DEMANDE 81

10 LA CONCURRENCE 91

11 INTERNATIONALISATION ET CROISSANCE DES ENTREPRISES 101

12 LA COMPÉTITIVITÉ 107

L'ARGENT, LE NERF DE LA GUERRE ! **111**

13 LE SYSTÈME BANCAIRE ET LES BANQUES CENTRALES 113

14 LES TAUX DE CHANGE 123

15 LA BOURSE 129

16 MARCHES OBLIGATAIRES ET FINANCEMENT DES ÉTATS 141

17 CE QUE L'ÉTAT GAGNE ET DÉPENSE 153

LES PROBLEMES ECONOMIQUES DU QUOTIDIEN **163**

18 INFLATION ET DÉFLATION 165

19 LE POUVOIR D'ACHAT 171

20 LE CHÔMAGE 177

21 INÉGALITÉS ET REDISTRIBUTION 183

L'ECONOMIE DES ECONOMISTES **191**

22 L'ÉCONOMÉTRIE 193

23 LES INDICATEURS ÉCONOMIQUES 197

LES DEFIS ECONOMIQUES
D'AUJOURD'HUI ET DE DEMAIN **203**

24 L'ÉCONOMIE COLLABORATIVE
(OU « SHARE ECONOMY ») 205

25 L'ÉCONOMIE SOUTERRAINE 211

26 LES CRYPTO-MONNAIES 219

27 LE REVENU UNIVERSEL 225

28 L'EUROPE 229

ANNEXE 1
« Chiffres choc » à retenir   **239**

ANNEXE 2
Les points de pourcentages   **247**

INDEX DES 120 NOTIONS-CLES   249

INDEX DES ÉCONOMISTES   255

INDEX DES AUTRES PERSONNAGES
DU MONDE ÉCONOMIQUE CITES   256